亲子谈判

李颜浓
朱小超／著
胡赤怡

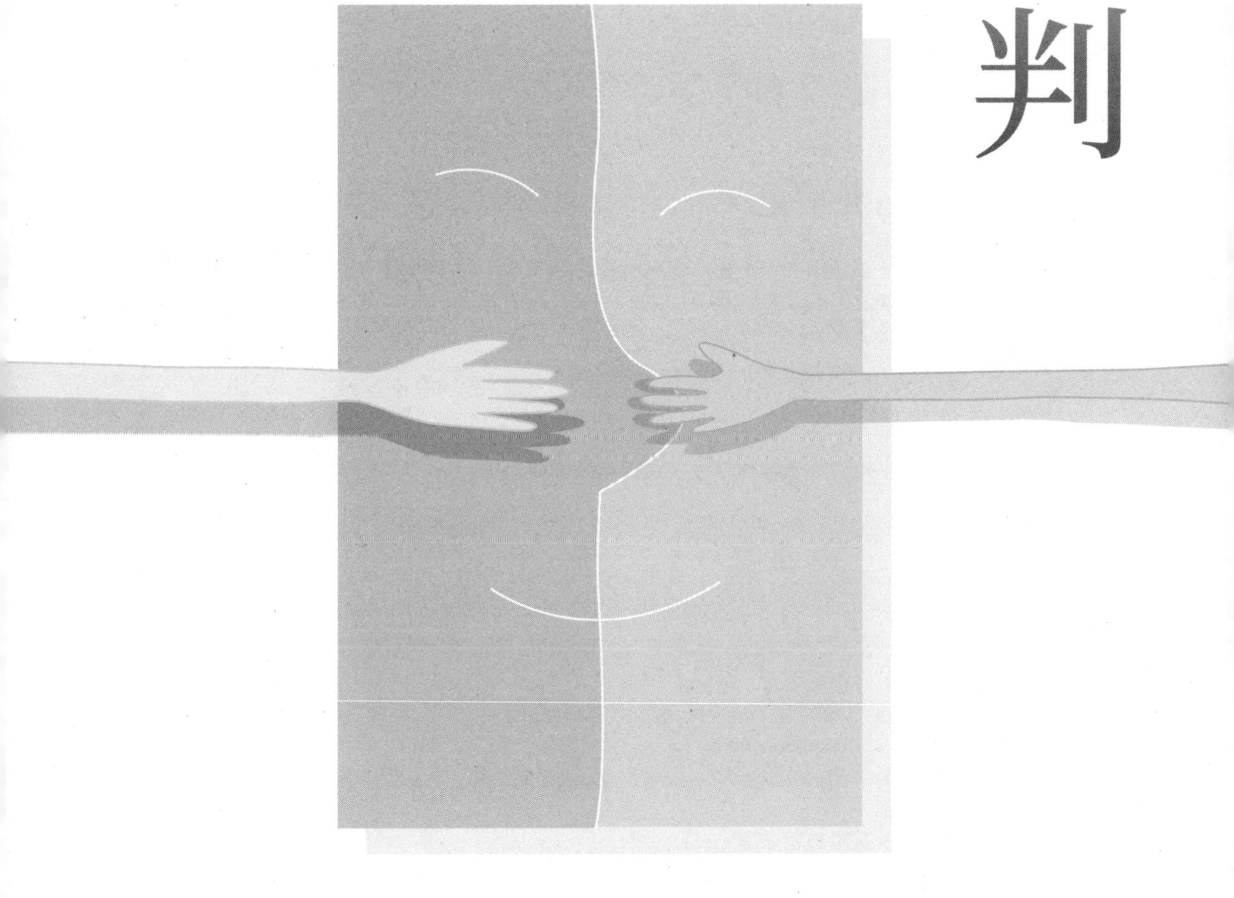

GUANGXI NORMAL UNIVERSITY PRESS
广西师范大学出版社
·桂林·

QINZI TANPAN
亲子谈判

出版统筹：汤文辉
质量总监：李茂军
选题策划：耿　磊　李茂军　戚　浩　梁　缨
责任编辑：李茂军
助理编辑：时艳艳
美术编辑：卜翠红
营销编辑：宋婷婷　李倩雯
责任技编：郭　鹏

图书在版编目（CIP）数据

亲子谈判 / 李颜浓，朱小超，胡赤怡著．—桂林：广西师范大学出版社，2020.9（2022.4 重印）
ISBN 978-7-5598-3130-9

Ⅰ．①亲… Ⅱ．①李… ②朱… ③胡… Ⅲ．①青少年教育—家庭教育 Ⅳ．①G782

中国版本图书馆 CIP 数据核字（2020）第 155049 号

广西师范大学出版社出版发行
（广西桂林市五里店路 9 号　邮政编码：541004
网址：http://www.bbtpress.com）
出版人：黄轩庄
全国新华书店经销
北京盛通印刷股份有限公司印刷
（北京经济技术开发区经海三路 18 号　邮政编码：100176）
开本：720 mm × 1 010 mm　1/16
印张：15　　字数：157 千字
2020 年 9 月第 1 版　　2022 年 4 月第 3 次印刷
印数：11 001~14 000 册　定价：49. 80 元

目录

序

“亲子谈判”概念最早的由来，是 2003 年我在香港大学攻读家庭治疗（临床）和自杀预防（研究）两个专业方向的哲学博士期间，我的导师李维榕博士在课堂上的一句话：“处理父母与孩子之间的矛盾或冲突，有三个技巧：第一是谈判，第二是谈判，第三还是谈判。”当时，我对这句话感触颇深，主要原因之一是我的独生女正值青春期，有不少与青少年成长有关的问题需要处理。课后，我在香港大学的图书馆查阅了相关资料，并没有发现有关亲子谈判的著作，也没有找到相关的论文。从研究的角度来说，“亲子谈判”当时还只是李维榕博士在课堂上提出的一个概念，并没有相应的文献支撑。基于我抚育孩子的现实需要及研究兴趣的驱使，我决定从谈判的概念入手，设定亲子谈判的范畴、方法和流程，并将之运用到与女儿成长问题及与这些问题相关联的亲子关系的谈判上。在积累了一些与女儿的谈判经验，并对方法和流程进行了适当修改后，我便开始运用到家庭治疗的临床实践中。经过多年的临床实践，亲子谈判的方法和流程已经基本成形，我一直想将其形成文字，但苦于临床及行政工作的繁杂及忙碌，加上进入更年期后产生的惰性，迟迟未能动笔，便想将此事一股脑推到“退休后”。

促使《亲子谈判》在我退休前提前问世的“催生婆”是本书的另外两名作者——李颜浓和朱小超。颜浓和小超都是非常有经验而且善于思考的心理咨询师。大约十年前，他俩先后开始参加我的督导班，之后我们在专业方面一直保持比较频繁的联系。三年多前，在一次督导后的闲聊中，我跟他俩谈起了亲子谈判，他俩表现出极大的兴趣，并表示愿意参与实践和写作。小超曾经是大学英语老师，为此还查阅了大量英文文献；颜浓将亲子谈判的概念、方法及流程，运用到行为问题相对不那么严重和关系相对不那么紧张的家庭，拓宽了亲子谈判的应用范围。经过近两个月的准备，我们拟定了写作大纲，列出了章节标题，撰写了主要内容。颜浓和小超分头写出了初稿，然后我们一起审读和修改，数易其稿。

写作和出版本书的初衷是，为父母（尤其是有未成年子女的父母）提供一种解决子女行为问题及亲子关系问题的新思路和新方法。使用本书的前提是父母对子女的“爱”！本书提供的路径和方法产生效果的前提是父母对子女的“爱”！！维持本书提供的路径和方法所产生的效果的前提是父母对子女的“爱”！！！

是为序。

胡赤怡

2020 年 4 月 10 日于深圳下水径

为了帮助读者更好地应用亲子谈判的方法，我们在网站上开设了专栏，解答读者的疑问和困惑。如果您有关于亲子谈判的问题，请到我们的网站上留言：www.yannongxinli.cn/qztp。

第一章

什么是亲子谈判？

★★★★★

当孩子出现行为问题时，当亲子关系面临挑战时，家长可能会去尝试各种方法，比如去和孩子沟通、先改变自己，但是很少有家长想到和孩子谈判。亲子谈判是什么意思？它和亲子沟通又有什么区别呢？

1. 亲子关系中的难题

“孩子特别固执，我尝试了各种办法跟他讲道理都无法改变他。他有时候比我还能讲道理，我感到很疲惫。”

“孩子只要不乐意听我说话，就跑到自己房间把门‘砰’地一关，拒绝和我交流。我能怎么办？”

“有时候费心劳力地跟孩子沟通好了，孩子也答应了，但孩子的行为却没有什么改善，或者改善了几天，就又恢复到以前的样子。我要怎么做？”

“我为他付出了那么多，他却不懂得感恩，不顾及我的感受。我到底做错了什么呢？”

在过去的十几年里，有很多家长来向我们咨询孩子的问题。他们表达过很多困惑，上述四个问题很具有代表性。这四个问题总结起来就是：家长无法通过与孩子沟通去解决孩子的问题。

家长反映，孩子有各种难管的行为问题，做事拖拖拉拉、依赖性强、缺乏计划和规划、玩手机放不下、学习不自觉等，年龄再大一点儿的孩子出现玩游戏成瘾、说谎、叛逆，甚至是逃学、厌学等现象。在处理这些问题时，家长单纯靠沟通不仅没有效果，反而引起了亲子冲突，导致家庭氛围非常紧张。那些无效的沟通往往不能稳定情绪，反而激化了负面情绪，双方难以达成共识，更无法产生积极的、有价值的行为。

家长因此非常焦虑。为了解决孩子的问题，他们尝试了各种各样的办法。有些办法能发挥一点儿作用，效果却很难维持。经常是孩子改变了两三天，就又回到了以往的状态。为了找到合适的方法，很多家长在不停地学习。

现在社会上有一种观点：孩子所有的问题都是家长的问题，要想改变孩子，先要改变自己。有些家长对此观点非常认同，不惜付高昂的学费去学习关于自我成长的课程。在上课过程中他们有许多领悟，觉得自己已经改变了，心生欢喜。但是一回到家里，发现学来的东西不知道怎么用；即使能有一点儿改变，也坚持不了多长时间，家庭中以往的模式依然没变。反反复复折腾几次，家长就会灰心丧气，失望地说："道理我都懂，可是做起来怎么就不对劲呢?"

还有一些家长希望别人来帮助他们解决孩子的问题。他们当中有的把孩子送去成长营，有的把孩子送去行为矫正训练机构，还有的甚至把正常的孩子送去医院做各种检查。可是这些孩子和那些在外面费心思学习的家长一样，看似把问题解决了，但是一回家，问题又回来了。

很多家长问：“我花了那么多工夫，可是既改变不了孩子，也改变不了我自己，到最后还是没办法跟孩子好好沟通，我到底应该怎么办?”他们去问老师、问朋友、问家长群里的人，却唯独没有去问那个最应该去问的人——孩子。

我们认为，每一个家庭都有自己的具体情况，针对每个家庭的问题，最终还是要回到家庭内部去具体地分析和解决。关系中的问题必须回到关系中去解决。很多家庭中的亲子问题，不能简单地归结为孩子出了问题，或者家长出了问题，而是要看他们的互动方式出了什么问题。

2. 亲子谈判：一种解决问题的方法

针对上面种种困惑，我们为家长提供了一种解决问题的方法，这就是亲子谈判。**亲子谈判是一种以谈判为基础的亲子互动方式**。我们每次都很明确地对家长说，亲子谈判是谈判，而不是大家通常所理解的沟通（我们会在后面的章节进一步解释）。这个方法能够帮助家长更好、更有效地进行亲子互动，还能够引导家长换一种思路去审视、解决亲子关系中的难题。

亲子谈判是一种能够带来改变的方法。家长不论是想纠正孩子的不良行为，培养孩子良好的行为习惯，还是想让自己在亲子关系中进一步提升和成长，都可以尝试亲子谈判的方法。

从我们多年的实践结果来看，亲子谈判的方法帮助很多家长解决了亲子关系的问题。由于来找我们咨询的家长中大部分面对的都是一些比较棘手的问题，这就给人留下一种印象：亲子谈判是在亲子矛盾上升到一定程度时不得已而为之的一种措施。其实，谈判原本就是人与人之间的一种互动方式，在亲子之间也是如此。亲子谈判既可以成为拯救亲子关系危机的一剂良药，也可以作为健康的亲子关系的助推器。一些不影响亲子关系的小问题，比如孩子的某些行为习惯问题，也可以通过亲子谈判来解决。

为了进一步说明亲子谈判到底是什么，我们先来看一个例子：

晚饭时间。璐璐坐在沙发上玩手机游戏，妈妈叫璐璐到餐桌上吃饭，叫了一次、两次、三次…… 璐璐显然是被游戏吸引了，头都不抬一下。妈妈终于火了，走过去一把夺走璐璐手里的手机："我叫你听到没有？吃饭去！"璐璐生气地跳了起来："我不想吃饭行不行？干吗抢我的手机？"

这是一个常见的现象：孩子做事情拖拖拉拉，妈妈不停地催促，但是孩子无动于衷，直到逼得妈妈火气上来了，对孩子采取强硬的措施，造成孩子抵触的情绪。妈妈想要知道的是：怎么样让孩子听话，该吃饭的时候就去吃饭?

让我们先来讨论这样几个问题：

① 妈妈一遍又一遍的催促起了什么作用?

② 爸爸去哪儿了？家里还有其他人在吗?

③ 在这件事情中，妈妈和璐璐到底谁对谁错?

④ 事情真的解决了吗?

⑤ 类似的事情下次还会发生吗?

第一，当妈妈一遍又一遍地说而不起作用的时候，这个过程其实是一种纵容。妈妈会问："我说他是管教他，怎么成了纵容了？"这个要分开来看。"说"是为了让孩子"行动"，但是从效果的角度来看，妈妈说得多了，除了纵容孩子不把妈妈的"说"当回事外，别无其他效果。

第二，可能出现的情况是：爸爸和妈妈一起催璐璐吃饭，但是同样不起作用，或者爸爸认为这就不是个事儿，璐璐不吃饭就让他饿着吧，所以爸爸根本不想催他。也许是因为有姥爷姥姥宠着，所以璐璐肆无忌惮。有时候家里人越多孩子越不听话，这是因为人越多，意见就越难统一，孩子就会钻这个空子。

第三，妈妈认为璐璐不听话，璐璐认为妈妈太啰唆，还暴力地抢他的手机。假如爸爸（或者姥爷姥姥）在旁边来上一句："你凶他干吗？你脾气太暴了。"妈妈一定会非常气愤："我不管了，你管吧！"这是常见的反应。妈妈判断对错的标准是事情的起因（孩子不听话），而其他人判断对错的**标准**有可能是事情的结果（孩子生气地跳了起来，家庭氛围紧张）。当判断的标准不一致时，沟通就很容易出问题。

第四，妈妈夺走了璐璐的手机，也不能保证璐璐就一定会去吃饭。很多家长在脾气上来的时候，容易做出一些比较极端的反应，比如突然没收孩子手里的东西，打断孩子正在做的事情，或者干脆噼里啪啦打孩子一顿。但是这并没有真正地解决问题，这些行为更多的是对愤怒情绪的释放。值得注意的是，这种愤怒情绪有个积累过程：说了一遍又一遍孩子就是不听，孩子越不听，家长就越要说。因此这个情绪也可以说是家长纵容出来的。很多家长抱怨："不是我的脾气大，而是孩子太气人！"我们要问："是谁纵容他来气你的？"

第五，在接下来的两三天里，璐璐也许会老实一些，这是为了避免再次起冲突。但是他可能很快就忘了这件事，又开始磨磨蹭蹭了。问题是，他为什么会忘了这件事？

针对上面这件事，我们再来看看用亲子谈判的方法怎么处理。如果妈妈的目的是让璐璐在该吃饭的时候就去吃饭，她可以这么做：

第一，不用说很多遍，就说一遍。在晚饭开始之前，就去询问璐璐还要玩多长时间，如果璐璐不回应，或者提出的时间过长，就给他**三个时间上的选项**，比如，他可以玩到5点20分、5点25分或者5点30分。

接下来，假设璐璐选择了5点30分，就明确告诉他，到点就必须停止玩手机，去吃饭，否则就会采取惩罚措施。

如果璐璐不以为意，以为妈妈是在吓唬他，就是不做任何选择，那么应该告诉他："你不选择那就妈妈来选，超过时间我就会采取惩罚措施。"接着在刚才给出的三个时间选项中选择一个，并且提出三种惩罚措施让孩子来选择。比如：①没收手机一个星期；②扣掉一个星期的零花钱；③取消周末去游乐场的计划。

如果璐璐选择了一个时间但是又超过了这个时间，或者他没有做任何选择而继续玩游戏，那么妈妈一定要执行事先讲好的惩罚措施，让璐璐知道这样会有一个苦果等着他。如果璐璐不选惩罚措施，那妈妈就自己决定，比如扣掉一个星期的零花钱，然后把这个措施告诉璐璐。

第二，在整个过程中要争取其他家庭成员的支持和配合。成员要跟妈妈保持一致。如果妈妈不给零花钱，其他成员却偷偷地给，那谈判就没效果了。

第三，不需要再纠结于讲道理或者争论对错，只需要“讲规则”。在执行惩罚措施的时候要跟璐璐讲明白为什么罚他：这是有言在先的，不是无缘无故的，不是一时心血来潮。而且，妈妈已经给了他选择的机会，是他自己没能好好地利用这个机会。这时候，不管璐璐怎样去祈求、卖萌、装可怜，甚至是闹腾，都应严格执行惩罚措施。

第四，也许妈妈还是忍不住想要发火，此时需要提醒自己，不是为了让孩子就行动这一次，而是想让孩子产生持续的良好行为，那在这个过程中保持情绪平和就不再那么难。

如果妈妈坚持做到了上面四点，那么下一次她给出三个时间让孩子选择的时候，璐璐就会进行选择。此时，妈妈可以跟璐璐约定，如果他能够做到坚持一个月每天按时自觉地去吃饭，他就可以得到一个奖励。至于奖励什么，他可以提条件，跟妈妈商量。如果他哪天没有按时去吃饭，就会有惩罚措施，这个惩罚措施仍然可以让他来选择。需要注意的是，家里的其他人也都要同意这个约定。当璐璐最终能够做到每天按照自己选择的那个时间点自觉去吃饭时，妈妈不只是改变了璐璐的一个行为，还帮他养成了一种好习惯。

当孩子意识到可以跟父母提条件，可以对自己的行为做出选择，可以和父母一起达成一个约定的时候，他就会主动参与和父母的互动，学会遵守规则和自我管理了。

我们再进一步分析上面的案例：妈妈为什么要给璐璐几个选项让他去选择？

因为如果家长强硬地要求孩子立刻执行自己的要求，孩子出于反抗心理，有可能不会服从。当家长给孩子一些选择时，对孩子来说，那是一个自己做决定的机会。如果孩子的行为是出于自己的选择，这些行为往往更容易做到，因为孩子有更多行动的内在动机。

在上面的例子中，孩子的行为目标（几点钟去吃饭）是由妈妈设定的。尽管妈妈心里已经设想好了一个目标，她还是在可以接受的范围内给孩子提供了一些选择。很多家长不理解选择的意义，他们认为，对孩子提出的要求就是最正确的做法，为什么还要另外设计几个与自己的要求不一样的替代项呢？这是因为，这会让孩子感受到更多的自主性。如果孩子同意了家长的那个最佳选项，那当然没问题；但如果孩子坚决拒绝最佳选项，还能从备选项中选择。我们再来看一个例子：

小东很喜欢玩手机，总是一拿起来就放不下，爸爸妈妈怎么说他都不起作用。有一次爸爸一气之下把他的手机重重地摔在地上，摔得粉碎。小东感到很委屈，非常伤心，把自己关在房间里，说再也不去上学了。

孩子如果真的不去上学，那家长就会慌神，亲子关系有可能会变得非常紧张。可是小东的爸爸妈妈能不能答应小东，只要他去上学，就让他玩手机呢？这样做恐怕很不妥，家长不能纵容孩子养成要挟的习惯。这个时候，如果家长做不到完全禁止小东玩手机，同时又不愿意放任小东无限制地玩，他们就需要和小东进行关于每天手机使用时间的谈判。那么使用手机的时间多长合适呢？家长心里要有几个选择，而孩子心里的时间也是可以有弹性的，最终达成一致的过程是一个相互协商的过程。试想一下，如果小东说："你们要是不答应我的要求，我就不去上学了。"那么家长就会非常被动。所以，当家长在给孩子提供选项的时候，其实也是在给自己提供选择。

最终这个时间多长合适，并不是由小东去不去上学这一个因素决定的。爸爸妈妈和小东可以互相提条件。爸爸妈妈可以对小东说："如果你能做到每天用手机的时间再减少一些，我们就可以给你一个额外的奖励。"小东也可以对爸爸妈妈说："如果你们能同意我每天用手机的时间再多一点，我就可以答应你们一个别的要求。"当家长给孩子选择时，家长自己也获得了提条件的机会。谈判是一种提条件的艺术。

有些家长会问："跟孩子商量得好好的，可孩子就是做不到怎么办？"亲子谈判的特点在于，家长不仅要跟孩子谈好接下来怎么办，还要制定一个详细的规则，这个规则包括奖励措施和惩罚措施。

在小东的例子中，当爸爸妈妈和小东谈好了小东每天用手机的时间（假如是每天不超过一小时），那接下来要谈的内容就是，如果小东在一个时间段内（通常是一个月）做到了，爸爸妈妈就会给他适当的奖励，这个奖励可以在提条件的环节由小东提出。如果他哪天用手机超过了一小时，就会有一个惩罚措施。同样，这个惩罚措施由家长和小东通过谈判来一起制定，一定要得到小东的认可。

为了保证这些措施的严肃性，家长可以和小东一起把谈判协商出来的具体措施写在纸上，并签上名字和时间。

总结上面的两个例子可以发现，亲子谈判包含这样一些要素：

①大家有一个共同关心的问题，并且愿意通过谈判来解决这个问题。（在第一个例子中，妈妈通过惩罚的措施让孩子认识到，按时吃饭这件事很重要，家长开始和孩子谈判。）

②谈判的各方都可以做出自己的选择。当家长给孩子选择的时候，也是在给自己选择。谈判各方基于各自的选择最终做出适当的妥协，达成一致。

③为了保证行动的落实，家长和孩子一起制定规则，包括奖励和惩罚措施，并且以书面形式记录下来。

④家长和孩子依据谈判协议来落实行动。

我们可以看到，亲子谈判的过程就是一个解决问题的过程，它从讨论具体的问题开始，多方通过谈判达成一致，最终落实为行动。为了保证行动的效果，谈判中制定了规则。由于这些规则是家长和孩子共同认可的，执行起来就更有可行性，从而保证了行动的落实。这个行动的过程只要持续一定的时间，就有利于孩子把好的行为保持下来。更重要的是，孩子在这个过程中学会了自我管理。

亲子谈判解决什么问题？

亲子谈判是一种以谈判为基础的互动方式，目的是让孩子学会为自己思考，为自己做出选择，最终学会自己管理自己。从这个意义上说，家庭里不一定非要等到有了显著的问题之后才使用亲子谈判的方法。为了帮助孩子养成良好的行为习惯，家长们可以有意识地帮助孩子设置行为目标，并就这些行为目标跟孩子谈判。

如果孩子已经出现行为问题，亲子谈判可以从具体的行为问题切入，直接针对孩子的行为问题来展开。通常来说，通过一轮谈判，孩子就能够改掉一种不良行为，形成一个好习惯，并将它固化下来。有些家长认为他们的家庭关系不算紧张，只是孩子有一些让人头疼的行为问题，亲子谈判对他们来说也会有非常直接的帮助。

对于那些亲子关系紧张的家庭来说，亲子谈判是一种修复家庭关系的方法。但是这种修复也是通过一个个具体问题来展开的，孩子行为问题的改善和亲子关系的修复是同时发生、相互促进的。有的家庭面对的问题比较多，头绪也比较复杂，谈判看起来似乎无从下手，此时，家庭成员们从任何一件大家都关心的具体事情切入都是可行的。本书提供了一些具体的方法来帮助这些家庭选择谈判的议题。

亲子关系是一种很笼统的说法。在人与人的相处中，关系总是体现在具体的行为上。亲子关系是一种天然的亲缘关系，比如母子、父女等，人们总是凭借刻板印象去评价这种关系，比如“母慈子孝”“上阵父子兵”等。

本书更多地从行为层面去分析亲子关系，我们不能脱离了具体行为来谈关系。如果关系的好与不好不能用清晰的指标来衡量，那么，让两个人就彼此的关系去谈判是没有意义的。关系一定会通过具体的行为体现出来。因此，即使是针对关系问题的谈判也是以具体的行为问题作为切入点来展开的。比如，爸爸希望儿子对自己更尊重一些，女儿希望妈妈对自己的管教更宽松一些，这样的要求都过于抽象了。什么样的行为表示尊重，什么样的做法才是宽松，这些问题都要具体到细节，这都是亲子谈判要讨论的内容。

亲子谈判让家长和孩子一起重新审视他们的互动模式。孩子的行为问题通常和家庭互动模式有关。有些家长表面上讲和孩子谈谈，实际却是要孩子听他们表达观点，听从他们的安排，孩子很少有机会发表意见，也没有办法去和家长争辩，更不要说谈判了。这么做的后果是孩了开始拒绝和家长沟通，亲子关系变得越来越僵化。如果家长能够及时地评估和调整他们和孩子的互动模式，为孩子的成长提供一片健康的家庭土壤，那么问题就不容易产生，在遇到问题的时候也会更容易解决。亲子谈判是一种促进成长的方法，它不仅帮助孩子成长，也给成年人提供了在家庭环境和亲子关系中主动成长的机会。

3. 亲子谈判与亲子沟通的区别

很多家长在刚刚接触到“亲子谈判”这个概念的时候，以为亲子谈判就是一种与众不同的沟通方式，但是当他们和孩子按照亲子谈判的步骤真正地谈判一次以后，他们都会有这样一种感受：亲子谈判与日常所说的亲子沟通有很大的不同。

从严格的意义上来讲，谈判也是一种沟通形式。在实践中，我们之所以要强调亲子谈判和亲子沟通的区别，是为了让那些愿意尝试亲子谈判的家长对它有一个更清晰的认识。

亲子谈判与亲子沟通的区别主要表现在以下两个方面：

第一，亲子谈判更强调程序和步骤。谈判的步骤是通过有目的的设计和大量的实践检验才确定下来的。亲子谈判从一个问题的提出到问题的解决，一步一步，按部就班，每个步骤的针对性都很强。亲子谈判是一种以解决问题为目的的、结构化的互动方式，即使是针对不同问题，谈判的程序和步骤也是相似的。而亲子沟通的方式非常多样和随机，家长和孩子的日常沟通不太关注步骤和程序。亲子沟通的目的同样具有多样性，比如说服别人、增进感情、传授知识、改变态度、评判谁是谁非，甚至是发牢骚、舒缓压力。在很多日常的沟通中，人们的目的和出发点不同，这就很容易造成误解甚至冲突。沟通的关注点常常是针对特定问题的处理方法和技巧。有很多看起来相似的问题，其实质是有根本不同的，因此就不能用同样的沟通技巧去处理。有些家长从别人那里学习了沟通技巧，一用起来却觉得自己很难实践和掌握。用这些模仿自别人的技巧去沟通，很难让孩子信服。

第二，亲子谈判以行为为导向，重点落在行为上。一个完整的亲子谈判过程总是包含着一个行动计划。更重要的是，亲子谈判是一个持续的过程，一次谈判通常持续一个月左右，这不仅能促进孩子的行为改变，还有助于孩子把新的行为转化成一种行为模式。亲子沟通常常只停留在态度和想法的层面，虽然它也能带来行为的改变，但是这些改变可能难以持续，容易反复。很多家长认为，他们只有改变了孩子的态度，才能改变孩子的行为，结果却发现孩子的态度和行动经常不一致。在亲子谈判中，语言交流只占一小部分，而行动占了一大部分。亲子谈判带来的直接结果不仅是态度的转变，更是行为的改变，并且通过一个持续的行动的过程（而不是说服的过程），让好的行为保留下来，让有效的互动模式保留下来。

亲子谈判和亲子沟通也有很多交集。谈判过程中，有的家长会用到沟通技巧，而在日常的沟通中家长也有可能用到谈判的策略、方法。有很多公认的沟通原则，如就事论事、换位思考、互相尊重等，在谈判中也会用到。沟通中人们常常展现创造性，比如会有新奇的想法。在谈判中，创造性也是非常重要的因素，因为很多问题都是通过发挥创造性，跳出思维定式的框框而得以解决的。

尽管谈判和沟通有很多交集，我们还是想强调亲子谈判的独立性。这是因为：

第一，当家长和孩子以往的沟通方式无效的时候，如果家长把亲子谈判作为沟通的手段，以期达成目的（比如说服孩子），这就背离了亲子谈判的初衷。其结果只会是南辕北辙，很有可能给亲子关系带来负面的影响。

第二，如果家长认为谈判就是沟通，他们就很难从“怎么说”的层面深入到“怎么做”的层面。他们也就很难打破以往那些亲子关系中无效的互动模式，问题无法得到实质性的解决。

第三，强调谈判不同于沟通，可以给家长带来一些思维方式上的转变。例如，在不少家庭中，针对亲子问题的沟通是单向的，是用“家长的方法”去解决“孩子的问题”。而亲子谈判是用家长和孩子协商出来的方法去解决他们共同关心的问题。

小结

越来越多的家长面临亲子关系问题的挑战。当他们感到无法和孩子通过沟通解决问题的时候，我们建议他们用谈判的方法。亲子谈判是一种以谈判为基础的亲子互动方式。

亲子谈判是一种提出问题、达成一致，并最终落实到行动的方法，着眼于解决孩子的行为问题和亲子关系问题。

亲子谈判不是亲子沟通的补充或者辅助，而是有着系统的步骤和程序、以解决问题为目的、着眼于行为和行为模式的互动方式。

第二章

亲子之间怎么谈判？

★★★★★

说起谈判，也许人们脑海里浮现的是会议室里身着正装的专业人士口若悬河的场景。在人们的印象中，谈判似乎是冰冷的，而亲子之间应该是温馨的；谈判通常暗示着分歧与不和，而亲子关系则让人联想到亲密与和睦；谈判的双方应该是对等的，而亲子双方作为谈判的主体差异很大。总之，把亲子和谈判放在一起，有着强烈的违和感。谈判真的能提升亲子关系吗？家长和孩子到底怎样来谈判呢？

1. 亲子谈判的前提和基础

亲子谈判与我们日常所说的谈判（比如商务谈判）最大的区别在于亲子谈判主体双方的关系非常特殊。在一般的谈判中，谈判的双方分别有各自的利益，有时候这些利益的差别很大。而在亲子谈判中，父母之所以愿意跟孩子谈判，是因为他们的出发点是为了孩子好，是出于父母对孩子的爱；在谈判中父母对孩子提出的要求，不是为了父母自己的利益，而是为了孩子的利益。

如果父母跟孩子谈判是为了实现自身的利益，而不是出于对孩子的爱，那么他们就没有谈判的必要了，因为父母完全可以通过其他的办法实现自己的目的，而不用在乎孩子承受什么样的代价。

正是出于这个原因，我们说，父母对孩子的爱是所有亲子谈判的前提。由于这个前提的存在，表面上看似冷冰冰的亲子谈判，它的整体色调是温暖的。因为爱孩子，为了孩子好，父母才有可能来跟孩子谈判。有时候，父母和孩子之间的矛盾看上去已经很严重了，但是他们绝不会像商人那样谈不拢就一拍两散，因为他们之间的关系始终是由爱来维系的。

虽然父母对孩子的爱是亲子谈判的前提，但是爱并不能解决所有问题。事实上，很多时候亲子之间矛盾的产生不是由于缺乏爱，反而恰恰是由于爱的泛滥。父母认为，他们对孩子所做的一切都是出于对孩子的爱，但孩子并不买账，孩子甚至不认为父母是爱自己的，他们认为父母是自私的，这就造成了亲子之间的裂痕不断地加深。沟通对于修复亲子关系于事无补，就是因为在爱的名义下，父母和孩子很难说清楚谁对谁错。这个时候，谈判就是一种让亲子之间的爱趋于理性的互动方式。

在我们的汉语语境里，谈判暗示着分歧、不和，而我们的传统家庭观念是“家和万事兴”，因此很多人不愿意触及谈判的那一层让人不舒服的含义。事实上，这是对亲子关系的一种误解，或者说是对亲密的亲子关系的一种误解。亲子之间的关系，并不是越紧密就越好。

亲子关系有一个度，关系太紧密或者关系太对抗都有可能产生问题。所谓关系太紧密，通常表现为家长对孩子过于控制、对孩子干涉太多、孩子对家长的依赖性过强。而关系太对抗的典型表现就是亲子之间矛盾加深，却无法有效地沟通。

很多孩子在小的时候还是比较听家长的话的，正因为如此，家长在发现孩子出现行为问题时，总是会习惯性地按照自己的想法和期待直接对孩子提出要求。刚开始，孩子也许还能服从家长的要求，但是随着他们慢慢长大，不听话的情况就多起来了。家长通常称之为“叛逆”，其实，孩子对家长说“不”，是他们自我意识在增强，是成长过程中的必然现象。家长不可能一直控制孩子，也不可能完全控制住孩子。因此，让孩子尽早学会自我管理是家长最好的做法，也是一个必要的过程。但是，在早期，家长出于对孩子无微不至的关心而常常忽略了这一点，他们往往将自己的控制理解成对孩子的爱。一旦家长的控制成为一种行为模式，他就很难改变了，这就可能造成孩子真的叛逆，亲子关系受到影响。严重的时候，会导致家长极力地控制，孩子极力地对抗这样一种纠结的状态。

家长和孩子之间有太多的分歧或者完全没有分歧都是不正常的。有些分歧对家庭和孩子是有害的，有些分歧对孩子的成长是有利的。在那些完全没有分歧和矛盾的关系中，孩子是无法成长的。而亲子谈判是一种处理分歧的艺术，它可以作为一种亲子关系发展的调和剂。谈判可以调和亲子关系中或者过于紧密纠结，或者过于疏离对抗的因素，从而理顺亲子关系，为孩子创造健康的成长空间。

爱不是为了控制孩子，而是为了给孩子创造成长的空间。如果家长只是为了控制孩子，他们也是不愿意去跟孩子谈判的，因为谈判的互动方式完全不同于控制与被控制的互动方式。亲子谈判的作用就是让亲子关系保持在一个合理、适度的空间，而这种作用是通过谈判的设置（原则、方法和步骤）来实现的。因此，“谈判”这个词让亲子谈判带上了偏理性的色彩，也就是温暖中带着理性。

综上所述，父母对孩子的爱是亲子谈判的前提。父母出于对孩子的爱，为孩子提供谈判的资源，让孩子获得自己的利益，而由于孩子的利益和父母的利益是一致的，谈判最终实现的是父母和孩子的共赢。而亲子谈判的程序和步骤的设置是谈判的基础，是谈判取得成功的关键。只有认真按照亲子谈判的原则、方法和步骤进行，亲子谈判才能取得效果。亲子谈判总是包含着两重含义：一是亲子关系中的谈判，二是以谈判为基础的亲子互动。它的感情色彩是温暖中带着理性，理性中透着温暖的。

2. 什么是共赢？如何做到共赢？

亲子谈判是一种共赢的方式。那种对孩子割舍不了的爱，使得父母愿意让孩子在谈判中赢。只有想方设法让孩子赢，父母才能赢。在亲子谈判中，只有共赢才是真正的赢，如果有任何一方输了，那都不是真正的赢。但是在谈判中，家长和孩子可能在思考能力或者决策能力上有很大差异，谈判双方看上去是不对等的。家长怎样才能让孩子赢呢？

让我们先来定义一下在亲子谈判中什么是“赢”吧。

如果说“赢”就是想要什么就有什么，为所欲为，肯定绝大多数人都不会赞成；如果说“赢”就是让孩子身心健康发展，肯定没有人反对，但是这种说法又太笼统，没有具体的操作性。

在亲子谈判中，所谓的“赢”就是获得想要的，并且愿意为此付出相应的代价。但很多家长往往只看到了这句话的前半句或者后半句，这就极大地限制了他们谈判的灵活性。这句话换个说法就是：如果家长要得到自己想要的，就必须给孩子他想要的。

生活中亲子之间的“交易”并不少见，比如家长对孩子说：“你期末考试考前10名，我就奖励你1000块钱。”广义上来讲，这就是一种谈判，而且这样的谈判未必没有效果。但是家长们担心的是：长此以往，孩子的学习动机会不会有问题？我们通过对很多家庭的观察和访谈发现，这样可能出问题，也可能没问题。

如果孩子学习的动机纯粹就是为了钱，那大概率会出问题；如果孩子刚开始是为了钱，但是通过提高成绩尝到了“学习好”的甜头，比如老师的认可、同学的羡慕、自尊心的满足，那么“喜欢学习，愿意学习”就会成为他的内在动机，即使父母不再用钱做奖励，孩子也会努力学习，那样就没有问题。

让行为持续下去的一个重要因素是内在的行为动机，亲子谈判能够改变行为并让新的行为持续下去。家长要想让孩子赢，最重要的就是要让孩子产生这种内在动机。但是，这种动机既然是内在的，它就只能由孩子自发地产生，不可能由家长强加给孩子。因此，家长能做的就是想办法为孩子创造产生内在动机的机会，其中一个有效的做法就是尽量找机会给孩子提供选项，让孩子做选择，从而获得他们想要的东西。

有的家长会问：“给孩子提供选项就行了，为什么还要谈判呢?”这是因为，为了让孩子产生内在动机，家长就要减少干涉。这就要求家长必须有限度地干涉（完全不干涉是不行的），孩子必须在某种程度上自我管理（有限范围内的选择）。那么这个“有限”的度就是通过谈判来达成共识的。

在亲子谈判中，家长的主要任务就是去寻找和把握谈判的度。这个度把握好了，家长就能为孩子创造赢的条件，家长也就赢了。对于孩子来说，在谈判中获胜（赢得奖励），这本身就是一种行动的动机。尽管这个动机是外部的，它也能够帮助孩子在行动的过程中产生内在动机。所以说，孩子的赢，赢在过程，而不是简单地赢了谈判。

3. 给家长的谈判指南

谈判的意识

刚开始，有的孩子可能不愿意和家长谈判。年龄较小的孩子有可能完全忽视、拒绝，甚至无理取闹，但是通过几次对**规则**（说到做到的奖励或惩罚）的学习，孩子会慢慢产生一种和家长谈判的意识，他们会渐渐地、越来越理性地配合家长。而对于青春期的孩子而言，如果他们不愿意谈判，通常是由于家庭内部的矛盾已经积累了相当长时间，孩子对父母产生了敌对感和不信任感。此时，孩子的行为问题的根源往往是亲子关系问题。对于这些家庭来说，亲子谈判的重点在于改善和修复家庭关系。家长可以跟孩子提出谈判并且解释谈判的规则，这个年龄的孩子绝大多数都能理解和接受。（详见第四章）

按照步骤来

行为的改变不是一件容易的事情，如果“说一说，谈一谈”，行为就变好了，那这世界上就没有不听话的孩子了。亲子谈判的每一个步骤、每一个环节都是经过反复验证之后才确定的，它也融合了很多心理学概念和原理。这些步骤分为三个阶段：评估、决策和执行。亲子谈判要求家长认真地评估、灵活地决策、严格地执行，在不同的阶段做不同的事情。

选择好谈判的时机非常重要，当谈判的条件还不具备的时候（比如家长和孩子都在气头上），谈判很难开始，也不会发挥作用，这个时候不要去谈。谈判的一个重要原则是一个问题一个问题地来谈，每次只谈一件事情。如果我们把很多事情混在一起谈，就很容易把谈判变成争吵和辩论，对解决问题没有任何帮助。一次谈判只谈一个问题，也就是只处理一个问题。

小结

亲子谈判的前提是家长对孩子的爱；亲子谈判的基础是谈判的程序和步骤的设置。

亲子谈判是家长和孩子的共赢。家长要有限度地管理孩子，而孩子能否有限度地管理自己，在于家长能否把握住谈判的度，度把握好才能为共赢创造条件。

第三章

亲子谈判家长手册

★★★★★

谈判的过程非常重要，在适当的阶段做适当的事情非常重要。在实践中我们发现，很多家长在谈判中遇到的障碍和效果反复的问题，都跟他们不熟悉谈判步骤、缺乏处理经验有关，于是我们决定把谈判的详细步骤记录下来，编纂成《亲子谈判家长手册》，供家长在处理问题的时候参考。同时，我们总结了谈判中的各种注意事项，家长可以对照自行解决孩子的行为问题或者亲子关系问题。

需要说明的是，亲子谈判不能解决属于医疗范畴的病理性问题（比如自闭症、抑郁症），也不能对此提供评估或诊断。如果孩子的问题不属于本书所说的行为问题或者关系问题的范畴，家长应去寻求其他专业人士的帮助。

1. 谈判的准备

我们把《亲子谈判家长手册》分成两个部分：第一部分是专门针对孩子的行为问题的，通常适用于年龄比较小的孩子。这一类的亲子谈判主要是由家长来主导，它的步骤更加简明，主要作用是帮助孩子养成良好的行为习惯。对于某些更加复杂的行为问题，家庭关系是深层的原因。第二部分是专门针对关系问题的，如果孩子的行为问题直接和家长关联（比如孩子对家长撒谎），或者孩子特别叛逆，家庭中矛盾激化，亲子关系紧张，问题众多又没有头绪，那么家长就可以参考这一部分的操作指南。这一部分的步骤更加细化，虽然仍然是由家长来主导，但是孩子的参与程度比起第一部分有显著的增加，家长也需要做更多努力。需要说明的是，所有行为问题实际上都可以按照关系问题的步骤来谈判，行为问题谈判相当于关系问题谈判的简化版。准备工作对这两种谈判都是适用的。准备工作的一个重要内容是判断要解决的是行为问题还是关系问题。谈判的准备和如何判断是行为问题还是关系问题，详见表1、表2。

表1　谈判的准备

<table>
<tr><td rowspan="4">谈判的时机</td><td>发现问题，越早开始谈判越好</td><td>谈判的需求通常是从问题中产生的，比如家长发现孩子做事情拖拉，总是完不成作业，乱扔东西，有不良行为（抽烟、说谎等）
家长和孩子关系紧张，孩子特别叛逆
家长感觉到“改变”的迫切性</td></tr>
<tr><td>家庭成员的情绪</td><td>关注孩子的情绪，同时家长也要关注自己的情绪。不要在情绪不稳定的时候开始谈判。如果有家庭成员出现明显的情绪波动或者情绪问题，要首先解决情绪问题，然后再另找时机启动谈判，必要时可以寻求专业人士的帮助</td></tr>
<tr><td>关注孩子的生理和心理状况</td><td>是否有器质性的疾病，如有，应先找专业人士诊疗，待身心状况改善后再开始谈判</td></tr>
<tr><td>有足够的时间完成谈判的整个过程</td><td>根据问题性质的不同，整个谈判的过程可能持续一天，可能持续几天，也可能持续几个星期到几个月，家长要预留足够的时间
谈判不光是谈话，还包括行动</td></tr>
<tr><td colspan="2">谈判的地点</td><td>家长和孩子谈话最好在家里的客厅，或者餐馆包厢，或其他相对正式的场合，比如会议室，不宜在卧室、街边或者冲突频繁发生的场所等</td></tr>
<tr><td colspan="2">谈判的时间</td><td>考虑所有参与者的时间，等到所有参与者都有空的时候再谈判</td></tr>
<tr><td colspan="2">准备谈判需要的材料</td><td>纸、笔、纸条、纸盒（用来抽签）、计时器、录音设备、摄像设备等</td></tr>
<tr><td colspan="2">谈判的发起人</td><td>通常是问题的发现者，但是如果他觉得自己不具备足够的号召力，也可以找其他人来发起谈判</td></tr>
<tr><td colspan="2">谈判的协调人</td><td>可以由某个家庭成员担任，如果有需要，可以请一个家庭以外的人，比如亲戚朋友、社区工作者、家族里德高望重的长辈等</td></tr>
</table>

表 2 如何判断是行为问题还是关系问题

	行为问题	关系问题
自我评估	家庭整体氛围良好	家庭关系紧张
孩子的年龄	年龄较小，处于幼儿期到青春期之间	年龄较大，处于青春期
问题性质	问题比较单一 家长期待孩子养成一种好习惯或者改掉某种坏习惯	问题比较复杂，孩子特别叛逆 有实质性的冲突发生
问题的影响	只影响一个人	影响多人
互动性	问题表现只涉及孩子一个人	问题表现涉及多人 其他家庭成员也有行为问题
举例	行为拖拉、沉溺于游戏、不按时完成学习任务、乱扔东西、抽烟	严重的行为问题，比如说谎、吵架、冲突、厌学
说明	当无法判断是行为问题还是关系问题时，按照关系问题的步骤来解决	

2. 谈判的三个阶段

针对行为问题的谈判和针对关系问题的谈判都分为评估、决策和执行三个阶段。（见图1）

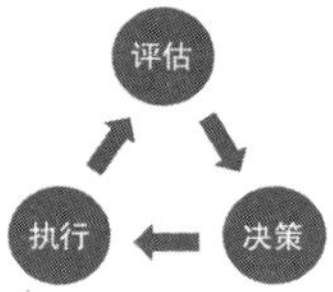

图1　谈判的阶段

评估

在评估阶段，主要的评估内容包括问题的严重性、改变的难度、家庭成员的责任等。而谈判的筹码是指谈判各方所拥有的资源。这些信息为下一步的决策提供了依据。举个例子，孩子玩手机，爸爸认为这严重影响了学习，但是孩子并没有改变的意愿（改变难度大）。爸爸发现，孩子玩手机背后有妈妈的纵容（孩子的筹码，增加了改变的难度）。爸爸掌握着孩子的零花钱，如果孩子坚持玩手机，那爸爸就可以把扣掉他的零花钱作为惩罚（爸爸的筹码）。为了解决这个问题，爸爸需要向妈妈说明问题的严重性，争取妈妈的支持。爸爸妈妈要分清在这件事情上他们各自的责任，以及孩子的责任。当家长抱怨孩子有问题的时候，需要问自己的是，针对这个问题自己做了什么？如果妈妈愿意配合爸爸一起来约束孩子，那么这种配合就变成了爸爸的筹码，增强了他谈判的力度，也降低了孩子改变的难度。

在评估阶段，我们经常采用打分的方式。这个分数是由家庭成员综合各方面的因素给出的一个主观分数。它操作起来非常简单，一般不需要特别专业的知识或者技能，但是它能带给我们对问题更理性的认识。

决策

在决策阶段，通常是家长和孩子一起来制订一个行为目标。在行为问题谈判中，这个行为目标通常是指孩子要做到某种具体的行为，而且这个行为要持续一定的时间。比如，孩子坚持一个月每天用手机不超过一小时，这就是一个具体的行为目标。这个目标不是完全由家长来定的。家长可以事先（在评估阶段）预设一个目标，然后再来跟孩子商量。在这个过程中，重要的是家长要有意识且主动地给孩子提要求和提条件的机会。决策阶段通常都是个讨价还价的过程，比如，爸爸要求孩子控制玩手机的时间，而孩子也可以要求爸爸以后不准对他大吼大叫。

在关系问题的谈判中，家庭中可能存在的分歧比较多，有时候不太容易直接给孩子设置一个行为目标，孩子有可能根本不愿意去谈他自己的问题。我们在《亲子谈判家长手册》中设计了几种方法，来应对这种情况。

为了保证提出的要求是可以实现的，家庭成员要尽量把行为细化、具体化，并且提出相应的惩罚和奖励措施。比如，孩子每天在什么时段可以用手机，可以使用多长时间，他要坚持一个月还是两个月，做到了怎样奖励，做不到的话怎样惩罚；爸爸如果又大吼大叫了要怎样惩罚，妈妈如果又纵容孩子玩手机了要怎样惩罚；等等。最后，还要把达成的这个协议写下来，签上名字和日期，作为下一步执行行动计划的规则。

执行

在执行阶段，家长和孩子各自按照谈好的规则来行动。规则谈好之后，无论是家长还是孩子，都不能轻易地妥协和放弃。孩子不可能马上就杜绝负面行为，刚开始执行时很可能有违反行动计划的情况发生，这时候家长不用啰唆，也不需要着急和生气，只需要按照谈好的规则去处理就可以了，关键是要耐心地把行动计划执行下去。比如，谈判的协议是孩子每天用手机不超过一小时，如果孩子在前两周偶尔超时了，家长也不必生气，认为谈好了孩子又做不到，只需要按照谈好的规则让孩子认罚就可以了。这样做的好处是家长可以心平气和地处理问题，不必和孩子争吵。

亲子谈判并不是一次一劳永逸的谈话。针对不同的事情、不同的问题，谈判从评估到执行可能要持续几周到几个月。不管怎样，这三个步骤都是同等重要的。没有认真的评估，就可能导致决策失误；决策不当，会造成行动难以执行；如果不去认真执行，就会造成谈判无效，甚至会造成原有的亲子关系更加恶化，使谈判变成一种新的伤害。对谈判过程的三个阶段的具体描述见表3。

在本书的第四章到第九章，我们会详细地解释《亲子谈判家长手册》所包含的概念、原则和方法。只有按照步骤来谈判，在每一个步骤使用正确的原则和方法，才能保证谈判的有效性。第十章和第十一章分别提供了行为问题和关系问题的亲子谈判案例，以便读者对谈判的过程和方法有一个更直观的了解。

表3　谈判过程的三个阶段

	针对行为问题的谈判	针对关系问题的谈判
评估	问题的严重性 改变的难度 谈判的筹码 每个家庭成员的责任	关系维度的评估 提出问题 问题的严重性 改变的难度 每个家庭成员的责任
决策	行为目标（通常是孩子的） 通常是孩子的行动计划 奖励和惩罚措施	行为目标（针对某一个家庭成员，不一定是孩子） 每个人的行动计划 奖励和惩罚措施
执行	家长督促孩子执行行动计划	家长和孩子分别执行行动计划且互相监督

3. 针对行为问题的谈判

针对行为问题的谈判步骤见表4。

表 4　行为问题的谈判步骤

评估	
评估行为问题的性质	
问题的严重程度	1~10 分，10 分是最严重 由家长根据自己掌握的情况、了解的信息，以及主观感受来打分
改变的难度	1~10 分，10 分是最困难 由家长根据自己掌握的情况、了解的信息，以及主观感受来打分
家庭成员的责任	1~10 分，10 分是责任最大 爸爸妈妈分别给自己打分，然后给其他人打分
谈判的家庭成员	
谈判的参与者	是由爸爸跟孩子来谈，妈妈跟孩子来谈，还是爸爸妈妈一起跟孩子来谈 不管是谁跟孩子来谈，另外一个人要知情，并且要配合和支持 如果爸爸妈妈意见不一致，他们要达成一致以后再去跟孩子谈判

续表

※ 如果孩子不愿意谈判怎么办？	孩子不愿意谈判，通常是因为孩子认为父母没有规则意识，说话不算数 家长要让孩子明白，谈判是认真的，谈判是为了制定规则，参加谈判对他是有利的 必要的时候，家长可以用一两件事情证明自己是说话算数的
谈判的筹码（资源）	
家长的筹码（资源）	自己的配偶支持和配合 孩子的爷爷奶奶、姥姥姥爷支持和配合 能够为孩子提供的选项 能够提供的奖励措施 有可能采取的惩罚措施 自己能够做出的妥协，妥协到什么程度 自己为了孩子愿意做出哪些改变
孩子的筹码（资源）	孩子利用爷爷奶奶、姥姥姥爷的宠爱来违反规则 孩子利用爸爸妈妈意见不一致来违反规则 孩子故意装可怜：哭闹、赌气、不吃饭、不上学等
家长初步评估行为目标	
行为目标	行为目标有两种：一种是家长期待孩子做到的正面行为，比如按时完成作业、收拾房间、按时刷牙、在规定时间内吃饭睡觉等；一种是家长希望孩子改掉的负面行为，比如咬手指、说谎话、拿别人的东西等
决策	
家长和孩子一起确定行为目标和奖惩措施（必须得到孩子的同意）	
行为目标	目标的设定要参考问题的严重性和改变的难度
目标持续的时间	正面行为持续的天数、每天时长，比如“每天晚上 7 点到 9 点写作业，持续一个月”；没有出现负面行为的天数 当目标行为需要持续的时间过长时，需要采取分段奖励的方法，每完成一个阶段的任务给予一个奖励

续表

奖励措施	完成一个阶段的行动目标后给予奖励 让孩子提出三个选项 （奖励措施不一定全是物质的，孩子有可能提出来让家长做什么事情） 如果孩子不提的话，家长给出三个选项
惩罚措施	每一次出现负面行为的时候进行惩罚 每一次未能完成正面行为时进行惩罚（也可以在奖励中扣除一部分） 家长给出三个选项，让孩子选择 如果孩子提出的要求家长没有做到的话，对家长的惩罚措施（家长可以让孩子提出三个选项）
※ 如果家长提出的要求孩子做不到怎么办？孩子就是不同意怎么办？	和孩子讨论他们能够做到多少、做到什么程度 家长提出变通的办法让孩子选择 调整奖励和惩罚措施 让孩子提条件
※ 如果孩子提出的要求不合理怎么办？	家长提出替代的选项
家长和孩子一起制订行动计划	
行动计划	行动计划包括具体的行为目标、时间、地点、奖励和惩罚措施 如果孩子对家长有行动上的要求，要把家长的行动计划同时写下来 孩子要对行动计划表示同意 必要的时候找一个监督人（监督人可以由家长担任，但是必须是固定的一个人） 把行动计划写下来，家长和孩子都签上名字
执行	
协助孩子执行行动计划	
督促	对孩子的行为做详细的记录 家长要避免啰唆，不要反复提醒和催促
协助	在孩子不知道如何做的时候进行指导 给孩子适应的时间，不要急于插手 不要代替孩子完成任务

续表

排除行动干扰	
排除行动干扰	父母之间的意见达成一致 跟孩子的爷爷奶奶、姥姥姥爷的意见达成一致 坚持原则，执行规则
兑现承诺，培养孩子的规则意识	
兑现奖励	当孩子完成一个阶段的行为目标后，兑现奖励 说好的奖励一定要给，不能随便更改
兑现惩罚	未完成当天的任务，当天或者第二天实施惩罚，或者记录下来，以后集中进行惩罚，行动计划继续执行 说好的惩罚一定要实施，不能随便更改
兑现行为	如果家长同意了孩子提出的要求并且写在了行动计划当中，那就一定要做到
※ 怎样坚持原则？	按照谈判中双方确定的内容去做，不要在行动的过程中加入新的条件。如果家长对孩子有了新的期待，那就要进行一次新的谈判。比如，谈好的行动计划是孩子每天洗碗，完成后家长给奖励，结果有一天家长说“你洗完了碗再把地扫了，我才给你奖励”。这就是家长不守规则，不坚持原则
※ 如果孩子没有行动怎么办？	再次评估行为目标的难度 保持耐心，在孩子执行计划的过程中避免唠叨、反复地提醒、催促或者发脾气 有时孩子没有立即行动，而是在稍迟的时间行动，家长可以给孩子一定的时间弹性 重新评估、再次谈判
让好行为变成习惯	
孩子的改变	通常来说，完成了一个周期的谈判，即使没有了奖励和惩罚，孩子也会继续保持正面行为
家长的觉察	家长要去觉察，在孩子形成正面行为或者改掉负面行为的同时，自己对待孩子的方式有什么变化，并且保持下去

4. 针对关系问题的谈判

针对关系问题的谈判步骤见表5。

表5　关系问题的谈判步骤

评估	
初步评估家庭关系	
家庭冲突状况与家庭关系	家庭里存在哪些明显的冲突（包括父母和孩子的冲突、夫妻间的矛盾以及其他家庭成员间的矛盾）家庭关系受到什么影响
谈判的参与者	家庭问题涉及的那些人
建立谈判关系 ※	
确定谈判规则	谈判关系的建立和谈判规则的制定详见第四章
※ 建立谈判关系虽然不属于评估的内容，但它是谈判进行下去的必要保证	

续表

提出问题（本次谈判要讨论的议题）	
评分法	每个人提出三个最关心的问题（或者诉求），写在三张纸条上，分别标记为50分、30分和10分。大家把问题汇总，计算相似问题的累积分数，按照分数高低排列，得分最高者为本次讨论的议题，得分第二的下次再来讨论
抽签法	每个人提出最关心的三个问题，分别写在三张纸条上，把所有的纸条汇总并放在一个盒子里，打乱顺序；用多数除少数除及石头剪子布的方法确定抽签的人；抽签者抽出的那张纸条上的问题即为本次讨论的议题
猜拳法	每个人提出最关心的一个问题，用多数除少数除及石头剪子布的方法确定本次会谈讨论谁的问题，但是下一次必须讨论其他人的问题
协商法	如果家庭成员都同意讨论一个大家共同关心的最核心、最关键的问题，则不用投票或抽签
对问题的描述	这次要讨论的是关于谁的问题，这个问题关注的是一种什么样的行为，一件什么事，或者是一种什么样的状况
评估问题的性质	
描述问题而不是发泄不满	这个问题持续了多长时间，情况有所改善还是变得更糟糕了 它的严重程度如何，如果不及时解决会导致什么样的后果 它对谁的影响最大，影响到了什么程度 大家为解决这个问题都做过哪些努力，有没有效果
问题的严重性	1~10分，10分为最严重 每一个家庭成员依据自己掌握的信息以及主观感受来评分
改变的难度	1~10分，10分为最困难 每一个家庭成员依据自己掌握的信息以及主观感受来评分

续表

说明：只需要对问题给出一个分数就可以了，每个人根据自己的主观感受来打分，可以进行简单的说明，但不需要过多地讨论或者争辩	
评估每个人的责任	
责任	针对这个问题，每一个家庭成员应该承担多大的责任？每个人都要给自己和其他人打分（1~10分，10分为责任最大），需要注意的是，只是打分，不做讨论，更不要互相攻击和指责
决策	
确定行为目标	
目标	针对这个问题造成的影响，家庭成员共同制订一个合理的目标，尽量具体、明确、量化
谈条件	为了解决这个问题，每个人自己能够做些什么 为了解决这个问题，每个人需要其他家庭成员做些什么（必要时给出选项） 家庭成员可以互相提条件 给孩子提供的建设性筹码是谈条件时的一个重要考量因素（详见第六章）
制订行动计划	
制订行动计划	每个人提出自己的行动计划 制订行动计划时要考虑别人提出的条件和自己的能力 行动要具有可行性，要具体化和量化 确定行动的时间和期限 行动计划不宜过多，期限的规定要适中，通常是紧接下来的一个月时间 每个人的行动计划要获得所有人一致认可 所有人的行动计划是在同一个阶段同时进行的
制定奖励和惩罚措施	家长不能用奖励措施代替自己的行动 要谨慎地制定针对负面行为问题的惩罚措施 惩罚措施一定要得到孩子的认可 有时候为了争取孩子更多的参与和配合，家长可以制定针对自己的惩罚措施

续表

达成谈判协议	所有参与谈判的人把自己的行动计划写在同一张纸上 写上奖励和惩罚措施 所有参与谈判的人在这张纸上签上名字和日期，见证人和协调者也签上名字
常见的问题	
※ 如果孩子不愿意谈判怎么办？	认可孩子的情绪 向孩子说明谈判的规则 不带评判地陈述事情 做出适当的妥协 按照建立谈判关系的原则去改善亲子关系（详见第四章） 求助于孩子的盟友，也就是和孩子关系相对较好的那个人
※ 如果某个家庭成员总是说个不停怎么办？	请谈判协调人来帮忙控制时间，必要时可以让该成员在下一轮陈述
※ 如果某个家庭成员情绪失控怎么办？	其他人给他一些时间，帮助他平复情绪 请他暂时离开谈判地点 回到准备阶段，先帮助他处理情绪问题
※ 如何避免相互指责和攻击？	说话时使用“我”来开头：比如，“我的感受是……”“我的期待是……” 使用不带评判的语言，避免多余的肢体动作 必要的时候请协调者来帮忙
※ 如何避免说空话？	使用明确而具体的语言 制订明确和可行的行动目标
※ 如何保证行动计划的可执行性？	行动计划要清晰、具体、可行 行动计划要有价值
※ 如果孩子不肯采取某些行动怎么办？	评估目标是否具体 评估这些行动的可行性 评估行动的价值

续表

执行	
执行行动计划	
家长的行为	是否做到了行为的一致性、连贯性 是否兑现了决策阶段的承诺
孩子的行为	是否有行为上的改变 ※ 如果孩子没有兑现决策阶段的承诺，但是出现了一些新的正面行为，家长也要特别留意，并在下一次谈判的时候和孩子讨论这些新行为
重建家庭规则	
评估关系和互动模式	哪些行为是有效的并且要继续保持下去的 观察行为对关系的影响 观察家庭互动模式的变化
※ 如果某一个家庭成员改变缓慢怎么办？	再次评估目标是否具体，是否对该成员有足够的吸引力 评估行动计划的可行性 再次评估行为的价值 再次评估家庭关系和行为问题的性质 准备下一个回合的谈判

“二选一”问题的谈判步骤可参见表6，相关内容参见第127页。

表6　“二选一”问题的谈判步骤

评估
讨论问题的性质
讨论最终导致的结果及责任
讨论各自的筹码
决策

续表

谈条件
达成协议（和解）
执行

“说明：“二选一”问题的谈判是关系问题谈判的一种特殊形式，详见第七章。

小结

《亲子谈判家长手册》包括针对行为问题的谈判和针对关系问题的谈判，每一种谈判都包括评估、决策、执行三个阶段。

谈判的具体步骤包括：

建立谈判关系；

确定谈判的议题；

评估问题的性质和家庭成员的责任；

评估谈判的筹码；

确定行为改变的目标；

制订行动计划；

达成谈判协议；

执行行动计划。

第四章

建立谈判关系

★★★★★

任何谈判在开始前首先要定一个关于谈判的规则，这样才能顺利进行下去。亲子谈判的规则要怎样制定呢？谈判需要孩子的配合，如果孩子不愿意谈判怎么办？要回答这些问题，家长有必要了解谈判关系的概念，同时去尝试跟孩子建立这种关系。

1. 谈判关系：把关系具体化

一对高学历、高收入的夫妇向咨询师抱怨，他们两人都毕业于名校，都有着令人羡慕的工作，在辅导孩子功课方面也都完全胜任，可是孩子为什么还是不爱学习呢？看看孩子的同学，人家的爸妈没有高学历，也没有给孩子很多课外辅导，可是人家的孩子怎么就那么爱学习呢？跟别人比较是很正常的现象，但是在拿家庭与家庭比较的时候，人们常常忽略了一个因素，那就是家庭关系。通常来说，可以比较的东西都是能够量化的，比如时间、金钱、分数、名次、学历、职务等，但是有一个东西非常不好衡量，那就是关系。

关系是很微妙的，有时候我们并不了解我们跟别人的关系到底怎么样。哪怕是我们的孩子，我们也不能确定跟他的关系到底有多好或者有多糟糕。有的家长为孩子的一些行为感到震惊和难过，他们从来没有想过他们在孩子心中的形象是那样不堪，他们一直认为自己跟孩子亲密无间。也有一些家长为孩子的某种行为而感动，他们没有预料到孩子对他们有那么深沉、那么特殊的爱。

人们在形容关系的时候，通常会说“关系亲密”“关系疏远”“关系正常”“关系紧张”等。这些说法都是抽象和模糊的，现实生活中，一个人总是凭个人感觉去判断他和其他家庭成员的关系。那些比较敏感的人总是努力地去寻找能够证明他和别人亲密程度的蛛丝马迹；而那些不敏感的人，他们对家庭关系的理解常常来源于刻板印象。他们总是把自己的家庭关系概括为一种传统观念框架里的伦理关系，比如，“我们是父子，即使闹得再僵又能怎么样呢？我们还是父子。”

由于亲子关系的特殊性，父母可以用权威的身份和命令的方式轻松实现一个目标，对年龄越小的孩子越是如此。但是这种做法随着孩子慢慢长大就不起作用了，当有一天父母的目标不能顺利实现的时候，他们就会说，孩子“不合作”了。

还有一些父母认为自己对孩子有养育之情，自己的出发点都是为了孩子好，因此孩子就应该听话。在没有问题的时候，这些父母认为他们和孩子的关系很好，他们很爱孩子；而当问题出现的时候，他们认为孩子不感恩，孩子和他们的关系不好了。

很多父母认为，某些具体问题的出现造成了关系的紧张。他们很少去思考，也有可能是关系的问题导致了某些具体问题的出现，比如说孩子的行为问题。这是因为，平常的亲子关系（孩子没有表现出问题时的亲子关系）非常不好描述、不好衡量、不好评估，因此很少被思考，经常被忽视。

为了更好地理解关系，我们有必要把关系具体化。因为关系总是通过各种行为互动体现出来的，我们只有根据具体行为去评估关系才有意义。有的家长说："我跟孩子在这件事情上关系闹得很僵，但是在别的事情上我们关系还不错。"这就是对关系的比较具体的描述。

我们建议家长选取家庭里已经发生的或者是很有可能即将发生的一件事，去主动地觉察以下内容：

第一，你是否对孩子的情绪做出正确反应。那些不关心孩子情绪的家长是很难和孩子建立良好的关系的。你需要认可孩子的情绪，而不是批评（比如要求孩子不许哭）。

第二，你是否倾听孩子说话。当孩子说完话后，你应该能够听懂他说的意思并且能够给予反馈。你不去轻易地评判或者否定孩子的观点，而是以一种接纳的态度让他去表达自己。这样，你才能从他那里得到真实的信息和反馈。

第三，你是否给孩子足够的时间和空间，以避免任何压迫感。你需要有足够的耐心，给孩子充足的时间，让他去思考和探索。

第四，你是否鼓励孩子对自己的事情做出选择和决定，并且给予合理的引导和充分的支持。

第五，你是否在孩子面前保持一致性。你说过的话一定要做到（因此不要乱说话）。如果你许诺了一个奖励，你要考虑这个奖励兑现的可能性。如果你警告要惩罚他，你要考虑真正执行这个惩罚有多大的可能性以及会产生什么样的后果。

我们把这五条内容叫作亲子关系中家长的五条行为原则。其中前四条分别体现了家长对孩子的关心、尊重、信任和支持。第五条则反映了孩子对家长的信任度（孩子对父母有信任感不是因为家长对他有多好，而是因为家长言行的一致性）。这五条原则是符合孩子成长的心理需求的。虽然它们并不能反映亲子关系的全部，但是忽视了这些原则，就容易导致亲子关系出现问题。孩子总是跟家长学习，当家长对孩子表现出关心、尊重、信任和支持时，孩子也会学习以同样的方式回应家长，家长和孩子之间就有了良好的互动关系。

在亲子谈判中，家长和孩子总是针对一个具体的问题来进行谈判。如果在谈判的具体问题上家长能遵循上述五条原则，那么谈判就能够很顺利地展开，也会取得很好的效果。在谈判过程中，家长基于上述行为原则和孩子建立的互动关系，我们称之为“谈判关系”。

有些家长认为这些原则很难长期遵循。我们看到过很多在咨询室里争吵不休的家庭，父母和孩子之间的矛盾已经相当激化。还有一些家庭，父母和孩子之间几乎已经处于零沟通的状态。当咨询师向他们介绍这些原则的时候，他们常常否定其可行性。有的父母说，不是他们不愿意这么做，而是孩子出现的问题让他们无法这样做。还有的父母说，现在不是家长听不听孩子说话的问题了，而是孩子根本就什么都不跟家长说：“怎么样才能让他跟你说话呢？你现在跟他说什么他都满不在乎，他不跟你配合，你怎么办？你说谈判是共赢，他不跟你合作，你怎么谈？”

我们会对家长说："能不能先就某一个问题，在某一件事情上，尝试着这么做？"如果孩子不愿意跟父母谈判，只要父母在做任何一件事情时遵循了以上五条原则中的任何一条，那么他们和孩子之间就有可能出现或者形成谈判的空间。

当家长只针对某一个具体问题采取具体行动时，他们明显感觉遵循那些原则没有多难。

很多孩子刚开始不愿意跟父母谈判，但是一旦他们感受到父母在某些事情上发生了某些程度的变化，他们通常就会愿意配合父母。

当家长愿意就谈判的具体问题应用上述几个原则来跟孩子进行互动，而孩子也愿意配合时，家长和孩子之间就建立起了谈判关系。谈判关系是为了谈判而建立的一种理想化关系。所谓的理想化，是指家长不管做不做得到，首先建立起来。谈判的很多方法，比如让孩子提条件、给孩子提供选项等，都是基于这些原则的。如果家长不认同这些原则，就可能偏离谈判的方向。

在实际的谈判过程中，孩子有可能做出各种预想不到的回应，给家长带来各种挑战，家长随时都有可能破坏这五条原则中的某一条。但是，如果家长能够把注意力始终放在一件事情上，也就是谈判的问题上，以解决问题为方向，就能够遵循这五条原则并且坚持下去。实际上，在谈判过程中，随着孩子的行为不断朝着好的方向发展，家长会发现自己的行为变得越来越没有压力。哪怕是刚开始机械化的谈判关系，最终也会转化成自然的互动。

2. 制定谈判规则

在谈判开始之前，所有家庭成员首先要确定一个关于谈判的规则。谈判规则是谈判能够顺利进行的保证。如果家庭里一个人总是不停地说话，不给其他人说话的机会，那谈判就进行不下去了。根据我们实践的总结，亲子谈判的规则至少要包括下面这几条。

① 先处理好负面情绪再去谈判；

② 每个人都有发言的机会（可以通过抽签确定谁先说谁后说），不去打断别人发言，不能一直说个不停（需要限制时间），一个人发言的时候，其他人要倾听；

③ 不去指责或攻击别人（包括骂人、打人）；

④ 允许每个人提出自己的意见和要求；

⑤ 说到做到。

绝大多数家庭都会认为这些规则是公平的。我们仔细看就会发现，这五条谈判规则与前面所讲的家长在亲子关系中应遵循的五条行为原则其实是一一对应的，但是更具有可操作性。它也体现了家长和孩子双方之间的公平性，当家长和孩子都愿意坐下来心平气和地谈判，倾听对方的意见而不是去互相指责时，就表达了相互关心、尊重和支持。当他们都能够说到做到时，彼此之间就有了信任。

每个家庭可以根据自己的具体情况，在这五条谈判规则的基础上增加新的规则，但是必须注意的是，谈判规则只能是关于谈判的规则，而不能是关于孩子的日常行为或者家长的日常行为的规则。如果新增加的任何一条谈判规则遭到任何一个家庭成员的反对，就要去掉那条规则。

谈判规则对家长和孩子具有同等的约束性。家长如果想让孩子学会遵守规则，那么自己就要遵守谈判规则，因为家长的行为对孩子有很强的示范性。如果家长自己都不遵守谈判规则，那么谈判就很难有好的效果了。

3. 孩子不配合怎么办？

亲子谈判需要孩子的配合。有些孩子愿意跟家长合作，但是也有些孩子不愿意参与谈判，这有可能是因为孩子不理解谈判是怎么回事，或者是因为孩子跟家长的关系已经非常僵了。

家长可以让孩子明白谈判的目的是解决家里的一些问题，让孩子认识到，跟家长谈判其实是可以为自己争取更多好处的。一般来说，当孩子知道在谈判中可以向家长提要求时，他们都会感兴趣。有时候，针对一些年龄较小的孩子，家长也可以用本书第一章介绍的方法（璐璐的案例）让孩子体会到谈判的严肃性，从而认真对待谈判。对于那些亲子关系已经相当紧张，父母和孩子已经无法坐下来交流的家庭，我们建议家长从一些细节着手去改变家庭氛围，寻找合适的时机来进行正式的谈判。我们给家长这样一些建议：

第一，家长要关注自己的情绪和孩子的情绪。当一个人带着强烈负面情绪的时候是无法心平气和地进行谈判的，要尽量等到自己的情绪

（以及所有参与谈判的人的情绪）相对稳定的时候再来实施谈判。一种有效的关注情绪的方法是认可情绪（不管是家长的情绪还是孩子的情绪）的存在，不去排斥和否定它，也不去放任和纵容它，而是尝试与情绪和平共处，让它慢慢地自然地向好的方向转化。

第二，家长可以在一些自己认为可行的事情上对孩子做出某种程度的让步，以缓和家里的对抗气氛。通常我们把这种让步称作一种姿态、一种愿意合作的态度。在这里，家长需要非常小心地避免一个错误：我既然做出了让步，孩子也必须做出让步。因为这个时候谈判还没有开始，所以要避免过早地提条件。在家庭关系紧张的时候，某一个人做出某种让步姿态是具有积极意义的，只有先打破僵局，才有可能进入新的状态。如果家长一开始就希望用自己的行为换取对方的某种回应（所谓的目的性太强），那么家长和孩子的关系就很有可能总是在原地打转。

第三，家长明确地跟孩子说明谈判的规则。当孩子意识到规则是公平的时候，他们就会愿意和家长谈判。在谈判之前，家长可以把这些规则写下来，贴在谈判现场显眼的地方。

第四，求助于孩子的盟友，也就是家里面和孩子关系相对较好的那个人。比如，有的孩子对爸爸妈妈的话很抗拒，但是对爷爷奶奶的话能够听进去一些，那就可以由爷爷奶奶出面去跟孩子说明谈判的用意。

第五，请一个人作为谈判的协调人。常见的是找一个咨询师，也可以请家族里的长辈、老师，或者其他对家庭有重要影响的人。当有一个协调人在场的时候，孩子通常更愿意参与谈判。需要注意的是，谈判协调人的作用是组织家庭成员开展谈判，监督大家遵守谈判的规则，避免争吵，避免冲突。协调人不是裁判，也不能参与谈判。

小结

谈判关系是家长和孩子为了谈判而建立的一种理想化的关系，它表现为家长的五条行为原则。

谈判规则是谈判能够顺利进行的保证，也是谈判关系的具体体现。

如果孩子不愿意谈判，家长可以尝试先帮助孩子缓解情绪，做出某种让步，跟孩子说明谈判规则，求助于孩子的盟友，或者请一个协调人。

第五章

确定谈判的议题

★★★★★

谈判是为了解决问题，在谈判之前，我们首先要弄明白，问题到底是什么。

在针对行为问题的谈判中，谈判要谈什么问题通常都是家长已经确定好的；而在更复杂的针对关系问题的谈判中，也许不是那么容易确定谈什么，那么家长和孩子怎样来一起确定谈判的议题呢？

1. 问题是什么？

面对问题的时候，我们倾向于去问“为什么”。这是因为我们常常把问题看成是负面的事情。我们曾经让一些学员列举“问题”这个词的近义词，常见的答案有这些：疑问、困惑、挑战、危机、威胁、危险、困境、疾病、失常、错误、误区、失败、挫折、压力等。总之，全部都是负面的。

负面情境会给我们带来焦虑或者惶恐的情绪，为了缓解这些情绪，我们需要一个解释，这个解释不一定正确，却能在一定程度上发挥作用，帮助我们去面对问题或者回避问题，或者把非正常的情境合理化。我们有时候会找一个人来责备，这个人未必就是导致问题的原因，但是可以做一个帮助我们缓解压力的替罪羊，所以家庭中不断地上演着“都怪你，都怪他”这样互相责备的情节。

偶尔我们也会遇到一些人，他们把“问题”当作一个正面的或者中性的词来看待。如果让他们列举“问题”的近义词，他们给出的词语是：

机会、信号、警告、可能性等。他们不会刻意追寻问题的根源，他们总是把目光放到未来，把重点放到寻找解决问题的方法以及所要实现的目标上面。积极心理学就是采取这样一种立场。

一样的事情，在张三家是个问题，在李四家也许就不是问题。这在生活中很常见，这取决于不同家庭和不同的人对问题的定义。

在我们的咨询实践中，我们发现很多家长不能准确描述他们的问题。有时候，他们把问题描述成他们的要求，比如，“我就是想让我们家孩子改掉他的坏脾气。”有时候，他们把问题描述成还没有发生的事情，“以后考不上高中，还有什么前途。”有时候，他们对问题的描述更像是一种情绪的宣泄：“我对他用心用意地培养了这么多年，没想到他现在这么忘恩负义！你知道我有多难受？”我们会和家长一起讨论他们的问题。讨论的重点是，我们首先要弄清楚，问题是什么。

问题是什么?

让我们用一个例子来说明问题是什么。

数学考试成绩出来了。班里其他同学的成绩正常，只有小明不及格。

小明的爸爸一看到成绩就感到很愤怒：怎么回事？成绩退后到这样的地步？每天都做什么去了？是不是这孩子真的智力不行？气死我了，我的心都白操了，钱也白花了。你怎么这么不争气？你让我的脸往哪儿搁？以后考不上好学校怎么办？必须把手机给你收了，以后不许玩了！网络也给你断了，上什么网！难不成我还收拾不了你了？

如果爸爸对小明的考试成绩丝毫不在意，没有任何反应，那小明考试成绩不及格这件事对他来说就完全不是一个问题。在家庭关系中，问题是由一件事，以及相关的人对这件事的回应决定的。

在上面的例子中，存在的事实是小明这次数学考试成绩不及格，而回应就是爸爸的一系列反应。爸爸的反应包括三个层面：

第一个层面是情绪。小明的爸爸感到愤怒、羞愧、委屈，因为出现的状况与自己的期待相差太远，他处于一种难堪的、挫败的境地。

除了一些非常淡然的人，其他人都会对生活中的各种负面情况产生负面的情绪，这是难以避免的。很多家长在看到孩子的问题时，首先的反应是情绪激动，必须缓解自己的情绪，这包括：有指责的冲动，需要释放这种冲动；对孩子提高嗓门，释放情绪；要求孩子立即有所回应（认错、服从），以此来缓解情绪。

第二个层面是认知（想法）上的。爸爸认为孩子考试没考好是因为孩子不用功，自己的付出没有得到回报。他担心孩子的智力问题，担心孩子的未来。爸爸把问题迅速地归因于孩子玩手机、玩游戏。这种快速的归因也可以帮助他缓解焦虑情绪。爸爸在分析了问题原因之后，接下来就会有两个行动，一是向孩子传达自己的想法，二是准备进行惩罚。

孩子和家长的认知方式是不同的，但是在面对一个问题的时候，家长总是希望孩子能像他们那样去思考。如果孩子没有按照家长思考的方向去行动，很多家长会这样反应：孩子没有听懂，所以要继续说；孩子没记住，所以要反复说；孩子不听话，所以要加倍地说。

第三个层面是行动。爸爸有可能会采取惩罚措施，比如没收小明的手机、切断网络，也有可能不去做这些举动，这取决于他和小明接下来的互动。

有时候家长在看到孩子的问题时并没有立即行动，但是他们心里很可能已经有了一个行动的想法。随着负面情绪的积累，一旦某些触发条件出现，比如孩子又做了一些让家长不顺心的事，家长就会立即执行那个想法。比如，有的家长说："本来我想忍住不打他的，但是看到他那种满不在乎的样子，我实在是忍不住，动手了。"有些孩子不明白，家长为什么因为一些小事就暴跳如雷，其实那件小事可能只是导火索，家长的怒气有可能已经积攒了好几天。

问题的定义取决于一件事和相关的人对这件事的回应。当家庭里不同的人对同一件事回应不一致的时候，矛盾就产生了。这些回应有时候是情绪上的，有时候是认知上的，有时候是行为上的，但是更多的时候，这些回应是错位的。

家庭里日常的沟通经常出现这样的情况：家长在对孩子表达情绪的时候，孩子要跟家长讲道理（最常见的是家长训斥孩子，孩子反驳家长，家长更加生气）；家长跟孩子说想法的时候，孩子闹情绪（家长说得太多，造成孩子情绪上的对抗）；家长需要孩子做出行动上的改变，而孩子却以为只需要和家长达成认知上的和解（孩子跟家长说好了，却不去行动）就可以了；家长以为孩子了解自己的意图，实际上孩子并不了解，结果家长以为孩子是故意不行动（孩子跟家长说“我已经做好了”，家长却看不到孩子做了什么）。这些情况往往就是我们常说的“双方不在一个频道上”。这种沟通层面的错位不但无助于解决问题，还可能导致矛盾激化，家庭氛围紧张。

把事实和观点、情绪和想法区分开

人们在讨论同一个问题的时候常常出现“说不到一块儿去”的现象。我们先来看下面这两组对话：

你又在外面鬼鬼祟祟地抽烟！

我哪里鬼鬼祟祟了？

你刚才在外面抽烟！

……是的。

为什么第二组对话里抽烟的那个人就承认了，而第一组对话中抽烟的人要反驳？这是因为第一组对话中问话的人表达得太主观，被对方抓住一个漏洞。

人们在说话的时候常常不去区分事实和观点。没有人在表达观点的时候每次都加上一句“我认为”，也没有人在表达事实的时候每次都加上一句“我看到”，这就让人们常常模糊了事实和观点的界限。人们眼里的事实有可能只是他们的一种主观判断，而这种判断是和个体的认知方式以及当时的情绪密切关联的。比如“我看到他鬼鬼祟祟”，到底是“我看到”，还是“我认为”？

同样难以区分清楚的，是人们的想法和情绪。很多人缺乏表达情绪的具体的词语，比如，一个人愤怒的时候他会说：“我真想抽他，你知道吗？”说这句话的人到底是真想打人呢，还是仅仅表达愤怒？更常见的表达情绪的说法是：“都是你的错！”说话的人未必是真的把所有的错误都归咎到对方身上，也许只是为了发泄不满情绪，但是听到这句话的人也是这么理解吗？很有可能他会把这当作怪罪和责备。

在谈判中，如果家长和孩子都可以客观地陈述一件事，描述各自的情绪（而不是发泄情绪），描述对一件事情的看法（而不是假设别人都理解自己的看法或者强迫别人接受自己的看法），然后提出自己的希望和需求（而不是等别人主动地做出相应的行为），那么谈判就很容易进行下去。

为了避免家庭成员在讨论问题的时候产生错位（大家说的不是一回事），亲子谈判需要对谈判的问题做一个清晰的界定。亲子谈判所谈的问题，应该是从一个行为、事情或者情况（比如孩子的某种行为表现）开始，而不能一上来就讨论不同的人对这件事的回应（比如家长对孩子行为表现的看法）。这个行为、事情或者情况就是亲子谈判的议题。

2. 确定谈判的议题

亲子谈判首先要设置一个议题。在《亲子谈判家长手册》中，我们之所以把亲子谈判分为行为问题谈判和关系问题谈判，一个重要的原因就是这两种谈判确定议题的程序是不同的。

在行为问题谈判中，对于孩子的行为问题，一般来说家长和孩子在认知层面是一致的，或者比较容易达成一致。也就是说，孩子认可家长的意见，只不过他们在行动层面上出于很多原因达不到家长的要求。当家长和孩子谈判时，谈判的议题比较容易确定，由家长直接确定就可以了。

而对于关系问题，父母和孩子之间，还有父母之间，在情绪、认知和行为的层面都可能有分歧，在确定谈判议题的时候就可能产生分歧。生活中常有这样的现象：家长认为孩子的行为是个问题，而孩子并不认为自己的行为有什么问题，家长和孩子之间经常会为此而争执。家长如果硬要孩子就某个议题来谈判，孩子未必会配合。那么，谈判的议题要怎样来确定呢?

如何确定谈判的议题?

对于行为问题的谈判，可以由家长来直接确定谈判的议题。

对于关系问题的谈判，如果谈判的发起人提出了一个议题，而其他人都认可这个议题，那么大家就可以针对这个议题开始谈判；如果家庭成员不能就谈判的议题达成一致，那么他们可以通过打分或者随机抽签的方式确定。在《亲子谈判家长手册》中，我们提供了四种确定谈判议题的方法。无论用哪一种方法确定谈判的议题，每次谈判都只能讨论一个议题。

有些家长会有这样的担心：问题有严重程度的不同，大家关注的重点各不一样，有时候孩子还会故意提出一些跑题的问题，如果抽签抽到的是那些琐碎的事情，那不等于浪费时间?

其实，从哪一个具体问题开始谈判并不是最重要的，最重要的是让谈判开始。

所有的问题都包含一件事和不同的人对这件事的回应，确定谈判的议题只是确定了一件事，接下来，每个人还可以选择对这件事的回应方式，也就是谈条件。关键是确定议题要放在谈条件之前，而不是还没有确定议题就去谈条件。如果家庭成员还没有确定议题就去谈条件，很有可能谈不下去，不欢而散。

在实际操作中，有时候抽签确定的议题看上去不是关于孩子的问题，而是关于爸爸或者妈妈的问题。如果是这样，家长也要耐心地和孩子继续谈下去。因为问题都是存在于互动关系当中的，既然谈判一开始指出了家长的问题，那么接下来就要问：是谁造成了家长的这个问题？什么样的行为对于解决这个问题是有价值的？为了解决这个问题，家长是可以提条件的，因此在提出议题的时候，不管是关于谁的问题，都不要否认和推托，而是等待“讨价还价”的时机。

家庭关系中的问题常常都是环环相扣的，一个问题解决了，往往其他问题的解决就变得更容易。有时候从看上去最重要的问题入手未必是一件好事，因为难度太大有可能导致谈判失败；而从看上去似乎无关紧要的小事着手，未必是一件坏事。一环解开了，慢慢地就环环解开了。常见的情况是，第一轮谈判成功了以后，后面的谈判就变得更加顺利了。

对议题的具体表述

在确定了谈判的议题之后，家庭成员要对这个议题进行具体的表述。表述要符合下面两个原则：

第一，陈述一个行为、情况或者现象，而不要把问题描述成某个人的要求或者期待。比如，“想让小军每天少看一些电视”是一个期待，合适的表述是“小军每天看电视时间太长”。“小东要减少每天玩手机时间”是一个要求，合适的表述是“小东每天玩手机时间太长”。

第二，对问题的表达要清晰、具体，没有歧义。比如，“孩子的学习问题”表述太笼统，而“孩子写作业的时候不专心”就是一个比较具体的表述。“我对孩子的学习问题很担心”这句话很模糊，这到底是“我”的问题还是“孩子”的问题呢？而“孩子写数学作业有困难”就准确明了。

3. 对问题进行评估：打分的方法

在确定了谈判的议题以后，家庭成员就要对这个问题进行评估。在家庭关系中，每一个问题都包含了一件客观的事情和与之相伴的情绪、认知和行为（当行为发生时，它有可能转化成另一件事或者冲突）。我们常把事情和情绪以及认知混杂在一起。因为每个人对同一事情的情绪反应和认知可能是不一样的，这就很容易造成我们在讨论同一件事情的时候产生分歧，都认为是对方歪曲了事实。这也就是在家庭关系中我们总是互相埋怨的原因。

为了更客观地描述一个问题，我们使用打分的方法，选择两个维度来对问题进行打分：一个是问题的严重性，一个是通过行为改变来解决问题的难度。每一个家庭成员都对同一个问题进行打分，分值在1到10之间。

比如，谈判的议题是“孩子玩手机玩得太多”，那么这件事情的严重性怎样？孩子改变的难度又是多大？这个打分没有细化的指标，家长和孩子可以依据自己了解的情况来打分，如果实在缺乏判断的依据，也可以根据各自的主观感受打分。分数打出来之后，大家可以互相参考。如果有必要，每个人可以简单说明一下自己为什么打这个分数，但是不用花过多的时间来讨论，也不用去否认、争辩或者质问别人。

打分的作用

尽管这个分数是一个相对主观的分数，它对于理解问题却有着很大的作用。打分的人可以从两个维度对分数进行思考：

第一，在1到10分的范围进行比较。比如，家长认为孩子玩手机的严重程度是8分，那么，为什么不是7分或者9分？同样，如果改变的难度是6分，那么为什么它不是更高或者更低的分数？

第二，在不同人的分数之间进行比较。如果妈妈认为孩子玩手机的严重性是8分，而爸爸给出的分数是7分，这说明爸爸妈妈之间意见基本一致。如果他们之间的分数差距过大，那么爸爸妈妈就要思考一下为什么他们的分歧这么大。如果有些事情当着孩子的面不好谈，爸爸妈妈两人可以另找时间单独谈一谈。爸爸妈妈两个人意见达成一致对于解决孩子的问题是非常重要的。在本书的第九章《家长之间的一致性》中，我们将继续讨论这个问题。同样，如果妈妈给改变的难度打了3分，而孩子打了9分，那么妈妈就要思考一下孩子改变的阻力来自哪里。

当家庭成员通过打分去思考这些问题的时候，他们就获得了妥协分数的参照值。妥协是一个程度的问题，而不是一个非黑即白的问题。这个1到10之间的数字，是一个有着妥协空间的数字。如果妈妈认为孩子必须改变，而孩子认为改变的难度太大，那么妈妈就需要调整自己的期待，从而制订一个更具可行性的目标。因此，评估问题的严重性和改变的难度为后面进一步的决策提供了依据。

需要特别指出的是，不管是孩子还是家长，都有可能出现打分不准确的现象。这个时候，不用去否定别人，也不用去争论，而是要尊重别人的分数，先按照这个分数进行谈判。谈判不是由分数决定的，随着后面谈判的展开，每个人心里面的这个数字都是有可能发生变化的，而谈判会顺着每个人心里面越来越认可的那个数字进行下去。

4. 评估问题的责任

评估问题的责任也是针对具体的问题进行打分，也是使用10分制，但是与“问题的严重性”和“改变的难度”又有不同。问题的严重性和改变的难度只是对问题打一个分数，但是在评估责任时，要对谈判的每个人都打分。比如爸爸、妈妈和孩子三个人谈判，那每个人都要给自己和其他两个人打出一个分数。（在行为问题谈判中，孩子可以不打分。）

评估责任不是判定责任，而是通过一种直观的比较，让每个人都有机会去察觉自己身上的责任。不管这个问题是谁的，在家庭中，每个人都可能是有责任的。

在亲子谈判中，我们之所以强调“关系”这个维度，是因为家庭是一个系统，每一个家庭成员的存在，他的身份、地位、角色乃至他的问题，都是在和其他家庭成员的关系中产生的。面对孩子的问题，家长要问的是：

“是谁导致了这个问题？”

“家长针对这个问题做了什么?”

“家长的做法有没有效果?”

由于评估责任的主要目的是察觉和反思，在这个环节家庭成员一定要避免互相推卸责任、指责和否定。对于别人给自己打的分数，要去认领，不要把它当成一种指责或者贬低。

家庭成员会有一个疑问，关于责任的打分要不要去解释?“你认为我的责任很大，我心里委屈着呢!难道我就要忍气吞声，解释一下都不行吗?”我们的建议是：不要去解释。为什么不要解释呢?

让我们先来看一段小孩子之间的对话：

“你欺负我！”

“是你先把我的玩具弄坏了！”

“那你还先吃了我的冰激凌呢！”

“那谁让你不给我看你的漫画！”

…………

如果逐一解释每个行为的原因，那就会没完没了，所有事情都能找到原因。有时候成年人也喜欢做这种孩子气的辩论，也会你来我往，不停地去解释。但是如果我们把上面那段话反过来，那就成了：

（出于某种原因）我不给你看漫画书！

你不给我看漫画书，那我就偷吃你的冰激凌！

你偷吃我的冰激凌，那我就弄坏你的玩具！

你弄坏我的玩具，那我就……

这样还会没完没了地进行下去吗？不会的。因为他们早晚会两败俱伤，筋疲力尽。当我们更加关注行为的结果而不是原因时，我们就会认识到自身责任的重要性。

责任有两重含义，一是指应当承担的过失，二是指应该肩负的职责。因此，给责任打分，本质上不是去指责，而是去提醒，提醒每个人做好自己应该做的事。

在亲子谈判中，我们之所以使用打分的方法，而不是用语言交流的方式评估责任，就是为了避免相互指责。在这里，把问题具体化是非常重要的，如果我们就事论事，给一个行为打分而不是给人打分，我们用的是分数而不是评判性的语言，那就能够避免伤害别人的感情，也不会落入说不清辩不明的无休止争论之中。

有的家长还是会担心，如果不把责任明晰化，真的能解决问题吗？其实，在后面的谈条件环节，家庭成员之间可以互相提出要求。即使没有把责任“说”明白，家庭成员还是可以用互相提要求和提条件的方式让每一个人承担起自己的责任。

小结

在家庭关系中，问题总是涉及一件具体的事以及不同的人对这件事的反应，这些反应包括情绪、认知和行为三个层面。

谈判首先要确定一个议题，对问题的表述要相对客观和具体。对关系问题谈判来说，选择从哪个议题开始谈判并不是最重要的，最重要的是有机会开始谈判。

确定了问题是什么以后要评估问题的严重性、改变的难度和问题的责任。

通过直观的比较而打出的分数能够促进个人的思考。

第六章

谈判双方的筹码

★★★★★

在日常生活中，家长和孩子都会自觉或者不自觉地利用筹码向对方提要求。家长经常调到的问题是，明明觉得自己手里有筹码，但是不起作用，这是为什么呢？在谈判时，家长要怎样应对孩子的筹码，又要怎样用好自己手里的筹码呢？

1. 什么是筹码？

在谈判中，筹码（leverage）是指谈判的一方所拥有的、有可能促使谈判另一方改变的或者借以向另一方提要求的资源或条件。谈判的双方都希望获得更多的筹码，谁的筹码多，谁的影响力就大，谁就能占据主动地位，向对方施加影响，实现自己的诉求。比如，如果你是这个领域的专家，你就有更多的话语权；如果我掌握了某个行业的专利，别人都要找上门来和我合作，那我的筹码就非常大。权威性、专业性、知识、经验、名声、金钱、实力等，这些都是筹码。

在日常的亲子互动中，家长和孩子也经常利用各自的资源和对方较劲，希望对方满足自己的要求。家长看起来掌握更多的筹码，但是他们在和孩子的较劲中经常会败下阵来。我们来看这样一个例子：

邹女士已经憋着好几天没和儿子说话了。“他憋不了几天的，等到要生活费的时候，看他怎么办！” 她前几天才和儿子吵了一架，她觉得儿子太懒了，衣服堆成山也不洗，总是依赖她。她决定不伺候了，看他能怎么样吧。她干脆对儿子不理不睬，不闻不问。但是看着儿子依然是那副漫不经心的样子，她真的很着急。

冷战是家庭中常见的现象。冷战的实质其实就是一种谈判，双方都拿着自己的筹码，等待着对方的让步。在上面的谈判中，尽管妈妈掌握着生活费，但是儿子拥有更强大的资源：母亲对孩子的爱。“你是我妈，你能把我怎样？”妈妈的策略潜藏着一个巨大的弱点，那就是她不可能真正地割裂母子关系，不可能对儿子真的不管不问。家庭关系的特殊性就在于它绑着我们，不能说散就散，说走就走。

在这个案例中，妈妈的做法不能真正地解决问题。我们还见到过以离家出走相要挟的家长，他们的做法也很少能给孩子带去改变，他们走不了两天就会回来，反而是离家出走的孩子会给家长制造很大的恐慌和威胁。

为什么孩子的筹码更有效？这是因为他们善于利用家长对他们的爱。说白了，他们就是在利用家长的爱来“要挟”家长。这是因为，筹码是在互动过程中发生作用的，两者之间的关系非常重要。家长和孩子的这种特殊关系使得一些家长看似有用的筹码，如权威、金钱、地位等，都不管用了。

问题是，很多时候孩子在使用筹码占了优势后并没有带来好的结果。表现在家长眼中的他们还是存在各种行为问题，亲子关系日趋紧张。

如果孩子对某种筹码的利用导致了行为问题，或者对亲子关系造成了损害，那这种筹码就是具有破坏性的；反之，如果某一种筹码有利于孩子培养良好的行为习惯，有利于亲子互动，那这种筹码就是具有建设性的。在关系中，针对一个问题的建设性筹码通常是指一个人解决问题的能力、资源或者优势，如果这些能力、资源或优势能够满足别人的与问题相关的需求，那么它们就是非常有利于关系的建设性筹码。

对筹码的评估

在行为问题谈判中，当家长和孩子确定了谈判的议题，评估了问题的性质、改变的难度和责任之后，接下来家长要做的就是对谈判双方的筹码进行评估，家长需要考虑有哪些筹码可能阻止孩子行为的改变，哪些筹码可能被孩子利用去破坏规则，并制定相应的对策。

而在关系问题谈判中，对筹码的评估和使用主要发生在家长和孩子谈条件的环节，因为一般来说，只有到了这个环节家长才明确孩子的主要诉求是什么。尽管如此，家长要提前对筹码的概念有一个了解，要知道孩子是否有一些筹码可能会给谈判带来破坏，又有什么筹码有利于问题的解决。筹码总是在关系中起作用的，离开了关系，筹码无从发挥作用，因此家长评估筹码时，一定要从关系着手。

2. 孩子是如何使用筹码的?

陈先生一家人周末出去吃饭，儿子想吃炸鸡，陈先生认为儿子需要控制体重，因此坚持要去一家面馆，妻子是个老好人，吃什么都行。一路上儿子嘟囔着要吃炸鸡，但是陈先生就是不同意，结果到了面馆，儿子只吃了两口面就说吃饱了，再也不吃了。回家的路上，妈妈顺道去一家炸鸡店打包了两只鸡腿。陈先生也很无奈，只能说:“你就惯着他吧。”

孩子饿着肚子，这是他自己的事情，但是难受的是妈妈，尴尬的是爸爸，所以妈妈和爸爸最终都认输了。孩子是非常善于利用自己的筹码的。比如在很小的时候，他们会利用哭的筹码，爸爸妈妈一看孩子哭了，赶快满足他们的要求。一些小孩子在大庭广众之下哭闹，爸爸妈妈觉得丢脸，赶快买东西息事宁人。有的家长说，管教孩子就像是一场斗智斗勇的战斗，孩子会用各种方法让家长掉进坑里。归纳起来，孩子的筹码主要有三种表现形式:

第一种是自虐式。

哭，哭得声嘶力竭（有时候我们在大街上就能见到）；

饿自己，不吃饭，装可怜；

生病，有时假装生病，有时是真生病；

暴饮暴食，吸毒，有的时候甚至自残；

厌学，有意无意地让学习成绩下降；

有的青春期的孩子会在性行为方面放纵自己；

…………

家长需要特别留意的是生病。有的时候孩子是装病，比如为了不上学说自己头疼，也有很多时候孩子是真的病了。家长可能会说："病了就是病了，谁会拿生病来跟家长谈条件，再说也不是想生病就能生病啊。"事实上，很多孩子的生病都和家庭关系的变化（恶化）有关，这些下意识的生病是一种调整或者改善家庭关系的信号。想一想，是不是孩子一生病就会得到更多的关心和照顾，甚至夫妻关系也可能会因为孩子生病而更紧密了。有时候，孩子生病就是为了留住爸爸妈妈，把他们留在家里。

爸爸妈妈实际上也经常会这么说："唉，又生病了，真会给我们找事儿！"生病的是孩子，但事情是爸妈的。从系统的角度来说，孩子在家里反复地出现某些轻微的躯体化症状并不是绝对意义上的坏事，他是在提醒整个家庭，爸爸妈妈和他的关系，或者爸爸和妈妈的关系，需要进行某种调整。家长要密切关注孩子身体的异常状况。

与生病有些类似的是自残，有的孩子是有意识自残，发出赤裸裸的威胁，但是有的孩子是一种无意识的强迫性的自残，比如不停地拔头发。这些行为是他们在一种强大压力下产生的应对机制，发出这样一个信号：家长和孩子之间的互动已经到了必须改变的地步了。

还有一种让家长头疼的情况是孩子不上学。孩子厌学的原因有很多，有一种可能是他们想以“厌学”为筹码来和家长谈点儿什么。家长要去分析孩子厌学有没有家庭关系的原因，比如是不是自己的要求过于苛刻，让孩子产生了不胜任的焦虑感，或者是爸爸妈妈之间的矛盾给孩子造成了压力，让孩子的注意力过多地放在了爸爸妈妈的身上而不是自己的身上，从而不能专心、正常地完成自己的学习任务。

第二种是讨好式。

为了买件东西，先甜言蜜语一番；为了让家长满足自己的一个要求，先去满足家长的一个要求，做一阵子好孩子；一回家就乖乖写作业，是因为写完作业要“提一个要求”，还有的孩子会主动做做家务来讨好一下家长。这是家庭中常见的“谈条件”。

过多的讨好对孩子的自尊心发展不利。讨好从本质上来说是一种为了自己的利益（获得利益或者避免惩罚）而进行的交换。自尊心弱的孩子常常有这样的思维定式：我需要讨好别人，否则别人就不会喜欢我，甚至排斥我。自我牺牲式的讨好是极端的表现，它的实质仍然是内心深处对别人否定和拒绝的恐惧。

家长要留意的是，有时候孩子的学习也是一种讨好。他们不是真正为了自己而学习，他们为的是家长赞许的眼神、幸福的表情、陶醉的自豪感、在别人面前的面子。如果孩子的行为完全是为了取悦家长，满足家长的需求，那这些孩子会逐渐失去自我价值感。他们会有这样的认知：我不重要，别人对我的赞许才是重要的。

第三种是外援式。

利用家长之间的不一致。比如孩子会搬救兵，通常是请爷爷奶奶、姥姥姥爷出马。生活中比较常见的情形是爸爸训斥孩子，然后爷爷训斥爸爸。有的时候，如果爸爸妈妈意见不一致，那么在爸爸和孩子（或者妈妈和孩子）这个互动关系中，另外的那个家长就是一个外援。

有些时候这些筹码会带来负面的结果，产生破坏性的作用，但为什么孩子还要使用这些筹码呢？我们发现，这是因为家长在和孩子的互动过程中，过于重视和强调自己对孩子的要求，而忽视了孩子自身的诉求。孩子会很快发现家长的弱点，并且利用这些弱点去跟家长抗衡，以实现自己的诉求。有时候孩子轻易便能成功，这就助长了他们类似的行为模式（也就是使用筹码的方式）。有的时候孩子的筹码可能起不了作用，但是他们的诉求特别强烈，以至于他们无法对家长做出妥协，于是他们就用负面的行为表现（自虐式筹码）来向家长抗议，通过对亲子关系产生负面影响来牵制家长。此时，孩子的做法可能是有意识的，也可能是无意识的。不管怎样，孩子此时使用这个破坏性筹码的唯一目的就是希望家长做出改变。如果家长不去调整他们和孩子的互动方式，而是一味地加强对孩子的控制，那么他们和孩子的关系就会越来越差，最终的结果必然是双输。

那么，是不是只要家长把关注点放在孩子的诉求上，满足了孩子的诉求，亲子关系中的张力就会缓和，问题就会解决呢？事实上并非如此。家长无条件地满足孩子的任何诉求，是一种不负责任的表现。表面上看这样做有益于亲子关系，实际上这样的亲子关系是扭曲的，家长给孩子的不是真正的爱。溺爱、放任，不去管教和约束孩子，最终只会害了孩子。

如果说亲子谈判是一种共赢式的谈判，那么家长在和孩子谈判时就不能只考虑自己的诉求或者只考虑孩子的诉求，而是应该同时考虑双方的诉求（事实上家长的最终诉求还是为了孩子好）。而家长在考虑筹码时，也不能只看到那些导致双输的具有破坏性的筹码，而是要去寻找能够带来共赢的、具有建设性的筹码。孩子可以用破坏性的筹码去实现或者表达他们的诉求，也可以用建设性的筹码去实现或者表达他们的诉求。关键是家长要重视和利用孩子成长性的优势，进行合理的引导，这样就能够把那些表现为问题的筹码转化成表现为进步和改变的筹码。

3. 寻获建设性筹码

对于孩子来说，建设性的筹码也可以叫作成长性、发展性的筹码，也就是说，孩子可能目前还没有这个东西，但是通过一个行动和学习的过程，他可以获得这个东西；或者说，孩子拥有这个东西，但是不知道怎么展现出来，家长可以通过具体的行动让他展现出这个东西。比如：

孩子想自己出去玩，妈妈认为孩子胆小，不让孩子一个人出门；孩子通过一些行动证明自己不怕陌生人，妈妈就同意孩子自己出去了。

孩子想玩手机，但总是不自觉地玩了很久，妈妈没收了孩子的手机（亲子关系出现矛盾）；孩子通过一些尝试证明了自己其实是可以管理好自己用手机的时间的，于是妈妈就把手机还给了孩子。

孩子想玩游戏，却不愿意背书，妈妈就不允许孩子玩游戏；当孩子有限度地愿意背一点儿书了，妈妈也允许孩子有限度地玩一点儿游戏。

寻找建设性筹码，也就是一个发掘孩子的优势和成长机会的过程，也就是主动给孩子创造机会，让孩子展现出他们的进步、改变、优势或者能力的过程，这些东西最终会成为孩子谈判的筹码，让孩子实现自己的诉求。事实上，很多家长在日常生活中都或多或少这么尝试过。比如，孩子想要一个礼物，家长会说："你考试考一百分，我就给你买。"但是，家长在做的过程中很少有一个度的把握。孩子考一百分，家长就给他买礼物，这个一百分到底是不是一个合适的度呢？

很多孩子之所以使用破坏性筹码，就是因为家长在满足孩子要求的时候或者尺度过于严苛（孩子有可能通过自虐式的筹码来反抗），或者尺度过于随意（孩子有可能会去讨好），或者家长之间（爸爸和妈妈之间，父母和祖父母之间）尺度不一致。有些家长对孩子提要求的时候，常常只坚持一个尺度，而忽视了行为的发展性，因此他们很少对孩子的行为去做具体衡量。家长在意的往往是理想中的结果，比如考试得了一百分。有些家长爱的只是理想中的孩子，而不是现实中的孩子，因此他们就没有一个可以衡量的现实的度。

建设性筹码的意义

在问题产生的时候，很少有家长会把孩子的问题看作筹码。对于家长来说，问题似乎总是一个独立存在的东西。如果家长能把问题放到谈判的框架里面，问题的性质就改变了。每一个筹码的使用总是对应着某种诉求。如果家长把孩子的某些问题行为看作是孩子可以利用和改变的筹码，就可以主动地去发现并且认可孩子的合理诉求，进而引导孩子改变。当孩子发现他通过努力能够实现自己的诉求时，就会不断地增加建设性的筹码，这个加码的过程就是行为改变的过程。这样，家长就不会再去孤立地看待孩子的行为，而是把孩子的行为和自己的行为联系起来，进而就有了通过自身行为去影响孩子行为的依据和策略。

有些时候，正是因为家长施加了太多压力，束缚得太紧，孩子才会故意地跟家长较劲。如果家长回应得当，给孩子适当的选择，适度地满足孩子的诉求，那么孩子就会逐渐地抛弃那些破坏性的筹码，代之以建设性的筹码。建设性筹码是一种主动的、利用自我优势的资源，而不是一种被动的、利用他人弱点的资源。

成长和改变都是需要一个过程的。亲子谈判之所以是一个包含行动的过程而不是一次简单的谈话，就是因为孩子的建设性筹码是慢慢地形成和慢慢地起作用的，取决于家长跟孩子的互动。在这个互动中，家长对孩子的引导是非常重要的，其中一个重要的做法就是给孩子一个关于度的选择。这个度是家长和孩子在谈判过程中，通过协商和妥协共同确定的。在亲子谈判评估中，家长和孩子总是可以在1到10之间选择一个数字，而不是绝对的1或者10。

家长要特别注意的是，对于那些极度缺乏主动性或者非常对抗家长的孩子来说，他们只要有任何积极的行为改变的意愿，哪怕它还很微小，家长也要去鼓励这种意愿。一旦改变的意愿通过谈判的执行阶段变成了实实在在的行动，这个过程对孩子的影响和对亲子之间互动模式的影响都是非常深远的。它会给孩子带来更多的和更加积极的变化。

4. 家长怎样使用筹码?

如果说孩子的很多筹码都是在利用家长对他们的爱，那么家长也可以去发掘和利用孩子的特点。**孩子最大的特点就是，他们的成长是止不住的，他们对成长的需求是止不住的，他们需要在成长的过程中形成各种有利于成长的品质，这是发展的规律。如果家长的行为能够满足孩子成长的需求，家长就拥有了最有效的筹码。**

最有效的筹码是行为

日常生活中，奖励和惩罚措施都是家长习惯使用的筹码。亲子谈判中也要制定奖励和惩罚措施。有些家长认为，奖励或者惩罚就是提供或减少一些物质性的东西，但是在亲子谈判中，奖励和惩罚的目的都是让孩子产生好的行为结果。用“物质”来交换“行为”是不对等的。

因此，在亲子谈判中，不管是奖励措施还是惩罚措施，都应该强调行为本身而不是物质。

当家长实施奖励措施的时候，要向孩子表明，这代表了他们对孩子特定行为的鼓励和支持，他们会尽量让孩子来选择最想要的奖品（为了避免孩子的某个要求家长满足不了，家长可以让孩子提三个要求，从中选一个，这样自己也有了选项）。

当家长实施惩罚措施的时候，也要让孩子意识到，这是针对某种行为的处罚，他需要学会遵守规则。家长提供三个惩罚措施让孩子选择一个，正是为了体现这种规则意识。

如果家长的诉求是孩子行为的改变，那么家长就要付出与之对应的行为的改变。绝大多数时候，谈判中真正起作用的不是奖励或者惩罚本身，而是家长在谈判的过程中对待孩子的方式、态度和行为发生了转变，也就是亲子关系的状态发生了变化。

有的时候，家长的转变是自然而然发生的，有时候却不太容易。有的家长会抱怨：“孩子不改变，我怎么改变得了？”

让我们再次回到关系和互动的概念上来。亲子谈判不是让孩子先改变或者让父母先改变。改变是互动双方同时发生的，改变是互动出来的。对于家长来说，他们最有效的筹码不是物质，不是家长的权威，不是严格的惩罚，而是自身行为模式的改变。

一些成年人的思维模式相对固定，让他们做出改变是比较困难的，但亲子谈判的特点在于，它用一些约束式的方法让改变一步步地在亲子之间同时发生，进而用积极正面的效果强化这些改变。

帮助孩子创造内在的行为动机

有很多时候，家长尝试用各种方式去影响孩子的行为，但给孩子带去的都是外在动机。外在动机有可能带来行为的改变，但是一旦外部条件没有了，该行为就有可能消失。真正能够促使行为改变和持续的是内在动机。内在动机是一种自发的、出于喜欢和自愿而产生的动机，这种动机不是别人能够给予的。家长能做的就是尽量给孩子提供机会，在一定的范围内让孩子做出自愿和自主的决定。对于孩子不愿意做的事情，尽量给孩子创造选择的机会。这有利于孩子产生内在的动机。

除了少数原则性问题（如遵守法律、不能伤害他人）不能给选项之外，日常生活中大多数问题都是可以给选项的，不是只有一个正确答案，也不是非黑即白。很多问题只跟程度有关：只要在一定范围内都是正常的。在亲子谈判中，当孩子说“做不到”的时候，家长则应该要问他们“能够做到什么程度”。

家长要在生活中储备选项，尽可能多地给孩子提供选择的机会。孩子不喜欢吃蔬菜，就给出三种蔬菜的选项让他选择；孩子不愿意运动，就给出三种运动的选项给他选。当家长和孩子谈奖励的时候，可以是孩子提出三个条件，由家长来选择，也可以是家长提出三个奖励办法，由孩子来选；同样，在和孩子谈惩罚的时候，家长可以提出三种惩罚措施让孩子来选择。

为什么总是提供三个选项？传统上人们认为“三”是一个比较适中

的数字，它已经有了“多”的含义，但实际上又不太多。在实践中，我们也认为“三”是一个最容易操作的数量。在我们咨询过的案例中，当家长给出两个选择，只有30%的孩子会去选；如果家长给出三个选择，超过90%的孩子会去选。这两个数字在心理上的感受性非常不同，其中一个原因是两个选项很容易让人联想到非黑即白。但是，如果选项超过了三种，则会增大选择的难度，也有可能造成孩子不去选择。

在客观条件只有两个选项的时候，二选一也比只有一个选项好。为什么不能只给孩子一个选项？这是因为做选择需要孩子思考，也让孩子有了自己做决定的机会。当孩子进行选择的时候，或者为了选择而进行思考的时候，他就进入了谈判的过程，家长和孩子之间就开始了互动，这就不再是家长单向地向孩子发号施令了。掌握主动权就是一种内在的行为动机，这对孩子行为的主动性有着非常重要的意义。孩子年龄越大，就越需要主动权。很多青春期的孩子独立意识变得越来越强，他们的选择和家长的选择越来越冲突。如果家长强硬地要求孩子必须接受自己的安排，只会导致冲突激化。

小结

筹码是在关系和互动中起作用的，在亲子谈判中，当孩子利用父母对自己的爱时，他们的筹码更有效。建设性筹码是指一个人解决问题的能力和资源，它能够满足别人与问题相关的需求。

在很多家庭里，孩子使用的筹码跟父母的管教尺度有关，也跟父母之间的不一致有关。

家长可以去发掘孩子的优势，培养孩子的能力，从而帮助孩子获得建设性的筹码。

父母最有效的筹码是自身行为的改变。给孩子提供有利于培养内在行为动机的选项。

第七章

确定行为改变的目标和计划

★★★★★

在谈判中，针对确定的行为问题（谈判议题），家庭成员要一起制订一个行为改变的目标。这个目标是怎么制订出来的呢？在关系问题谈判中，讨论的问题只是某一个人的，但是最后制订出来的行动计划包括每一个人，这又是怎么做到的呢？

1. 确定行为目标的依据

在讨论筹码的时候我们说过，家长对孩子的行为要有一个具体的衡量标准。家长和孩子谈判当然是希望孩子的行为能够改变，但是孩子需要改变到什么程度呢？期望孩子一下子做到完美往往是不现实的。亲子谈判需要就孩子的行为改变来制订一个目标。

在行为问题谈判中，由于确定的谈判议题就是孩子的行为问题，制订行为改变的目标比较容易理解，但是在关系问题的谈判中，谈判的议题不一定是孩子的问题，有可能是家长的问题，那要怎么去制订孩子的行为目标呢？

如果在关系问题谈判中通过打分或者抽签定下来的是一个关于家长的问题，那就先去制订家长行为改变的目标，而将孩子的行为目标放在谈条件的环节去确定，我们会在下一节讲解。

制订一个合理的目标对于谈判双方最终达成一致是非常关键的，但是家长和孩子常常会在目标上有分歧。比如，爸爸妈妈觉得孩子每天用手机的时间太多了，他们规定孩子每天只能用30分钟。孩子呢，当然不愿意了，他恨不得每天能用两三个小时。那么，每天到底用多长时间才合适呢?

在亲子谈判中，制订行为目标的依据有这些：

第一是问题的严重性和改变的难度。当问题比较复杂、改变难度大的时候，目标就要相对简单一些。如果给孩子定的目标太难做到，比如每天只能用30分钟，孩子就很有可能放弃谈判。

家长可以考虑的因素有：孩子使用手机的实际需求，比如要不要用手机完成作业，要不要和同学交流；孩子同班同学使用手机的情况，如果别人都在用，家长不允许他用他就会不服；孩子目前使用手机对学习的影响程度；等等。

问题的严重性和改变的难度也决定了目标行为需要持续的天数，通常来说，至少要持续四周的时间。具体到用手机的问题，需要持续三个月甚至是更长的时间。

第二是双方的筹码，包括那些可能具有破坏性的筹码。比如，家长给出多大的奖励能够吸引孩子合理安排用手机的时间，如果强行禁止孩子使用手机孩子会出现什么反应，等等。

第三是行为的价值。所谓价值就是行为所带来的结果，能不能对解决问题有所帮助。更进一步说，这些行为是否能够满足孩子的物质需求和心理需求，是否能让孩子得到那些他真正想得到的。针对使用手机这个问题，价值就是怎么样去使用手机才能既不影响学习，又满足了孩子的需求，培养出孩子自觉的好习惯。

通过对以上这些问题的思考，家长就能在30分钟和3个小时之间找到一个平衡的点。

上述原则只是帮助家长初步制订行为改变目标，目标最终的确定还要得到孩子的同意。

2. 每个人的行动：谈条件

在谈判中，行为目标最终是由参与谈判的家庭成员一起确定的，这是一个大家互相提条件和提要求的过程，也是一个包含了妥协的过程，双方相互提出条件并且有选择地满足对方的条件。

很多家长是害怕孩子提条件的，他们担心孩子如果凡事都提条件，行为的动机就不端正，孩子会形成一种不好的品质。

其实，谈条件并没有什么问题，重要的是谈条件的方法。如果家长不懂得谈条件的方法，那么孩子就会提出不合理的要求。如果家长善于运用谈条件的方法，那么孩子自然会认真地利用自己提条件的机会，严肃地来跟家长谈判。

我们将分别就行为问题和关系问题来介绍如何谈条件。

谈条件——行为问题谈判

在行为问题谈判中，家长通常是已经通过评估预设好了行为改变的目标，他们的目的是争取孩子的同意。这可以分成四个步骤：

第一，家长提出自己对孩子的要求并表示：“如果你能做到这些要求，你可以向我们提出你的要求，作为我们对你的奖励。”

第二，如果孩子表示做不到，家长可以继续询问：“你能做到哪些？做到什么程度？”家长可以跟孩子一起把所有的备选项写下来。

第三，家长跟孩子讨论每一个备选项的可能性，在这个过程中家长也可以用“加筹码”（提高奖励）的方法来询问孩子是否愿意妥协。

第四，当孩子和家长基本确定下来一个目标时，家长还要继续询问：“为了完成这个目标，双方需要采取什么措施？怎样来核实或者监督？”这一步是非常重要的，因为如果行动没有实施的可行性，前面的一切就白谈了。

行为改变的目标是非常具体的，当这个目标确定了，行为就清晰了。

在谈条件时，家长要注意以下原则：

首先，针对持续的行为来奖励。谈判的直接目的是帮助孩子养成一种良好的行为习惯或者改掉一个坏毛病，最终目的是培养孩子自我管理（自觉）和自我规划的能力。如果家长今天为了让孩子写一会儿作业而给一个奖励，明天为了让孩子练习一会儿书法而给个奖励，那孩子就学会了一种要挟家长的方法。

良好行为形成习惯至少需要持续一定的时间（根据任务的难度，通常是几周，有时候需要几个月）。

比如，为了让孩子自觉学习，家长可以提出，如果孩子能够坚持一个月每天晚上7点到9点自己温习功课，就可以向家长提出三个要求，家长会从三个当中选择一个作为奖励。如果孩子能够再坚持两个月，就可以再提出三个要求，由家长选择一个作为第二次奖励。

其次，要就事论事，不要将多件事情混在一起。每一次的谈判只针对一个行为，不要把几件事情混合起来提条件，比如，不要去要求孩子“早上刷牙，中午按时吃饭，晚上整理一下房间”。如果孩子的问题比较多，可以一个一个来，先解决家长认为最急迫的那个。

最后，谈条件要考虑现实性和可行性。有时候家长为了诱导孩子同意自己的要求，可能提出不切实际的奖励。如果家长做不到，将会严重影响家长的信用，以后再想跟孩子谈什么就难了。

谈条件——关系问题谈判

在针对关系问题的谈判中，谈条件就更加复杂一些。不仅父母和孩子之间谈条件，父母之间、父母和祖父母（如果他们参与谈判的话）之间，都有可能谈条件。

关系问题谈判中的谈条件通常采取这样的步骤：

第一，针对谈判确定的问题以及每个人对这个问题的评估，大家先初步提出一个行为目标。比如，小乐、爸爸、妈妈和姥姥一起来谈判，抽签抽到的问题是小乐的。小乐在写作业的时候不专心，经常到处乱跑。爸爸妈妈首先提出了这个目标：小乐写作业的时候要坚持连续45分钟待在房间，不准出来。

第二，这个问题是关于谁的，就由谁首先来提条件。比如，小乐说："我可以答应你们的要求，但是我的条件是我想去看一场演唱会。"那么其他家庭成员就可以商量，能不能满足小乐这个条件。小乐提的条件也有可能是对别人的要求："如果要我这么做，我的条件是妈妈不能总是催我。"

第三，接下来妈妈可以跟小乐就小乐的要求讨价还价，同时妈妈还可以继续向其他人提要求。比如，妈妈可以接受孩子的要求，但条件是姥姥不能在孩子待在房间里的时候进入孩子房间，给孩子送水或者吃的东西。接下来，姥姥也可以提条件。

第四，家里矛盾比较集中的时候，有些人可能会被忽视，没有被别人提要求，这些人要主动提出自己的行动计划。在上面的例子中好像没有爸爸什么事，那么爸爸要主动地向小乐做出一个行动的承诺。比如爸爸说："那我每天就负责按时做好晚饭。"当然这需要征得小乐、妈妈和姥姥的同意。

最后，大家来讨论行动的可行性、谁来核实、谁来监督。

如果一开始确定的谈判议题不是小乐的问题，而是其他人的问题，比如是爸爸的问题，那么就先由其他人针对爸爸的问题来初步制订一个行为改变的目标，然后由爸爸来提条件，这个时候爸爸需要提前有所准备，抓住这个机会提出对小乐的行为上的要求，实际上这就给小乐设定了行为改变的目标，但是这个目标最终的确定仍然是要得到小乐同意的。

在关系问题谈判的谈条件的环节，家长要注意这样一些原则：

第一，家庭成员之间互相提出的要求，除了物质奖励以外，都要表现为具体的、可以量化的行为。比如，要求“姥姥在孩子学习的时候不去干扰孩子”是不具体的，需要把“不干扰”具体化，可以改成“孩子在房间学习的时候，姥姥不能进孩子的房间”。

事实上，家庭成员之间如果有不满，他们通常会紧盯着那些让他们不满意的具体的行为，因此家庭成员做到互相监督并不难。

第二，由于在评估问题的责任时，家庭成员已经互相打了分数，现在他们提要求的时候，就要依据评分来提，也就是说，每个人对其他人提的要求都要和谈判的问题相关。同时，由于每个家庭成员已经看到了其他人给自己的打分，他在决定是否接受别人的要求时，心里已经有了一个大致的尺度。

第三，家长和孩子互相提条件的时候，家长心里要有一个建设性筹码的概念。建设性筹码包括两层含义：首先，家长对孩子的要求和孩子对家长的要求是互为条件的，是一种交换的关系；其次，家长对孩子的要求要提前设计好一个梯度，给孩子的任务不能过于简单或者过于困难。必要的时候，家长可以用加大奖励筹码的办法鼓励孩子承担起责任，也可以用降低任务难度的办法让孩子一步一步地承担起责任。

第四，对于那些平时和孩子关系紧张，好不容易让孩子坐下来一起谈判的家长来说，要珍惜谈判的机会，在适当的时机接受孩子的条件，答应孩子的要求。改变总是一步一步地发生的。哪怕孩子只同意改变一点点，那也比完全没有改变强。只要孩子真的改变了那一点点，亲子关系就会有所松动，就会给孩子带来更大的成长空间。最重要的是家长要有耐心，允许孩子慢慢地改变。如果家长执意要求孩子答应自己的全部要求，一点儿都不肯让步，那么谈判就变成了对抗，对解决问题是没有帮助的。

孩子提的要求不合理怎么办?

孩子在谈条件时对家长提出不合理的要求，通常有三种情况，家长要根据不同的情况采取相应的对策。

第一种情况是孩子投机取巧或者无理取闹，这在年龄较小的孩子当中比较常见。比如，家长要求孩子减少用手机时间，孩子就趁机要求增加玩游戏机的时间。有时候孩子会提出一些家长根本做不到的事情作为条件。家长可以跟孩子解释，他提出的条件为什么办不到，并且严肃地告诉他，他可以换一个，但如果他提出的条件总是不可行，他就失去了这次提条件的机会。

第二种情况是孩子对问题的责任理解有误，孩子把本来属于自己的责任推给了家长。针对这种情况，家长要再去认真分析和评估问题的责任，然后给孩子提出替代办法。例如，在写作业这个问题上，孩子要求妈妈每天陪着他写作业，这反映了孩子的依赖性。写作业应该是孩子独立完成的事情。妈妈可以跟孩子提出一些替代办法，比如妈妈可以在必要的时候给他答疑、辅导或者检查，但是不能总是陪着他写作业。

第三种情况是有些孩子为了测试家长的可信度，会故意对家长提出一些跟谈判的问题无关的要求。家长在能够做到的前提下，可以先答应孩子的要求，同时跟孩子提出缩短行动计划的时间，比如从一个月缩短到两周，然后再跟孩子约定好，两周之后，如果家长做到了，他们一定要再次进行谈判，再次制订更可行、更有用的行动计划。

3. 针对行为目标协同合作：制订行动计划

经过了一番谈条件，家庭成员对自己接下来要做些什么都有了一个大致的想法。每个家庭成员通过综合思考问题的严重性、改变的难度、自己的责任、其他家庭成员对自己的期待和要求，以及他们对自己的支持和承诺，最终都会确定一个自己的行动计划。

在行为问题谈判中，孩子的行动计划就是他的行为改变目标的更加细化、量化的具体表述，而家长的行动计划通常就是如何按照约定给孩子兑现奖励或者执行惩罚措施。

而在关系问题谈判中，当问题所有者的行为目标确定以后，它就成了所有人行动计划的方向。其他人的行动计划都必须是有利于完成这个目标的。

再来看此前举的那个例子：

孩子写作业不专心，喜欢到处乱跑，一家人在谈判中提出的每个人的行动有以下这些：

孩子每天要坚持待在自己房间 45 分钟不出来；

妈妈保证不去唠叨孩子；

爸爸按时做饭，保证饭点准时；

姥姥在孩子待在房间的时候不去送水送吃的。

所有人的行动围绕一个共同的目的：让孩子在房间里专心学习。

在谈判之前，也许姥姥会说："我给孩子送吃的，这有错吗？吃好了，身体好了，学习才能好啊！"让孩子吃好当然没有错，只不过它和上面那个目的是不一致的。

在日常沟通中，人们都倾向于认为自己的行为是有意义的，因此都认为自己做的是对的，很容易忽视自己的行为在别人眼里是一种什么样的价值。家长里短的争论常常都是这样产生的。这是因为大家参照的价值标准不一样。

也许姥姥还会说："我没去孩子房间的时候，他还不是跑出来，还不是不专心，难道这是我的错吗？"

有时候人们倾向于把错误推诿给别人，从而为自己的行为寻找合理性。当每个人都只盯着自己行为的合理性时，大家就不能协同合作。也许姥姥不想干扰孩子的时候，妈妈又没配合，姥姥会这么想："你的行为破坏了我的好意，那我干脆还是老样子吧。"

谈判为大家提供的是协同合作的机会，让大家步调一致。当所有家庭成员都围绕一个共同的目标行动的时候，不同的行为就有了共同的意义，就实现了共同的价值。

在谈判中，当家庭成员对不同的行为有争议的时候，就要去看一看这个行为是否实现了共同的价值。为了做到这一点，在制订行为目标时就必须明确具体。如果大家制订的目标是让孩子提高学习成绩，那么这个目标就太笼统了，因为能够实现提高学习成绩这个目标的具体行为太多了，家庭成员仍然有可能产生各种分歧。

每个人的行动计划都确定下来，并且得到了所有家庭成员的共同认可之后，大家就要把行动计划以文字的形式写在亲子谈判协议中。

如何确定行动计划的持续时间?

为了让孩子的行为固化下来，行动计划要持续一段时间，这个时间一般来说是以“月”为单位的。如果家长想让孩子养成一种长期的习惯或者改掉一些顽固的坏毛病（比如让孩子戒掉抽烟），这个时间可以是两到三个月。行动计划持续时间跟奖励设置有关。如果奖励对于孩子来说遥不可及，那么孩子就会失去行动的动力。例如，家长希望一个六岁的男孩安静地待在房间里写作业，但孩子本身正处于最爱动的年纪，他又特别外向和活泼，改变的难度比较大，那么家长可以先跟孩子约定两个星期的行动计划。如果孩子能够坚持做到，他就会如愿以偿得到第一份由自己谈判并且经过自己努力得来的奖励，这对他来说意义非凡。在这个基础上，再往后延续就更容易了。一开始时间定得过长会使孩子产生畏难情绪，也许还没开始他就打退堂鼓了。如果是一个初中的孩子，有一些自制力，那家长可以跟他约定一个月的时间。

当孩子的行为问题较多或者家庭里的问题较多时，家长要跟孩子一个一个地谈判，每一个问题的行动计划都为期一个月比较合适。此外，由于家长和孩子都没有谈判的经验，难以保证制订出来的计划是完美的，分阶段地执行计划可以留下再次谈判、修改谈判协议的余地。

4. 给行为增加动力：奖励和惩罚

奖励和惩罚都是家长在塑造孩子行为时经常使用的手段。关于奖励和惩罚对行为的作用有很多争议，本书不做学术性的讨论。当我们说用奖励和惩罚措施给行为改变增加动力时，这种动力来自家庭关系。

在行为问题谈判中，制定奖励和惩罚措施容易给家长带来的一个误解是，只要家长给出了奖励的东西或者采取了惩罚措施，就不用再做其他事情了。仔细观察就会发现，当家长跟孩子谈好了条件以后，也就是跟孩子讲好了奖励和惩罚的措施以后，家长的行为其实是有所改变的。比如，他们会变得更耐心、平和一些，不再总是着急上火；他们会减少对孩子说教或者啰唆的次数；他们会与其他家庭成员配合，共同协助孩子养成良好的行为习惯。这些才是亲子谈判起作用的主要原因。也就是说，真正起作用的不是奖惩，而是家长的行为的改变。

而对于孩子来说，行为能够持续下去的原因在于其内在价值：它对孩子的健康成长有帮助，它能够给孩子带来自尊、自信、别人的认可和尊重，以及自我效能感。物质的获得虽然也是一种价值，但是它对行为的促进作用远远比不上内在动机。奖励措施最终的目的是：当奖励不存在的时候，行为依然存在。

为什么要奖励和惩罚？

奖励和惩罚不是最重要的，但是在亲子谈判中，一定要制定奖励和惩罚措施，这是为什么呢？

先来说奖励。家长希望孩子产生“特定的行为”，孩子可以把这个行为作为他的一个筹码，用来跟家长交换，所以家长必须有一个用来交换的东西，这个东西通常就是一个奖励措施，而且这个奖励要有足够的吸引力。这对行为问题谈判尤为重要。

在关系问题谈判中，孩子和家长有可能是直接以行为来交换行为。从家长的角度来看，家长是意识到了这一点，但是孩子未必会意识到。有时候孩子即使意识到了这一点，也未必愿意承认。家长依然要给孩子的行动提供一个动力，用一个奖励措施来表达对孩子努力的肯定。如果没有奖励，孩子的行为目的看起来就只是满足家长的期待。很多有关系问题的孩子是不愿意为了家长的期待而去行动的。一旦有了奖励措施，孩子就有了一个比满足家长期待更主动的动机：去实现自己的目的。在关系问题谈判中，不管谈判议题是关于谁的问题，我们都要给孩子的行为计划制定一个奖励措施。

再来说惩罚。亲子谈判中惩罚的目的不是促进行为的养成，而是促使孩子形成规则意识，遵守规则。这个规则家长也是需要共同遵守的。在亲子谈判中，家长一定要特别谨慎地制定惩罚措施，尤其是针对青春期孩子的惩罚措施，要避免伤害孩子的自尊心。有些时候，家长可以尝试对孩子进行象征性的惩罚，例如惩罚跑步、做俯卧撑等。在关系问题谈判中，家长有的时候会制定针对自己的惩罚措施，这样做的目的是给孩子做出遵守规则的示范，以赢得孩子的信任和尊重。

如何制定奖励和惩罚措施？

第一，把握好奖励和惩罚的时机。谈判中的奖励和惩罚措施都要提前制定好，不能采取临时和随机的措施，因此在谈判中就要规定好奖励和惩罚的时机，这是家长比较容易忽视的。

为了维持行为的动机，奖励要针对持续的行为，最少是一周的时间。谈判的行动阶段通常是以一个月为单位，根据行为目标的难度，可以在一个月结束时给予奖励，也可以在中间增加一两次。有时候，家长给孩子制订了三个月的目标，那就要在每个月结束时给孩子一次奖励，最后一次的奖励最大。

至于惩罚，要制定出每一次违反行动计划时的具体措施。

第二，不管是奖励还是惩罚，家长都要跟孩子说好，征得孩子的同意。最常用的方法是家长让孩子自己提出奖励和惩罚措施，或者家长提出几个选项，让孩子选择。对惩罚措施的说明非常重要，家长要跟孩子解释惩罚的具体内容，让孩子对惩罚的后果有一个清晰的概念。有时候，为了保证孩子已经清楚了，家长可以让孩子自己把这些措施复述一遍并且录音保存，便于以后拿出来对证。

第三，要说明实施奖励或者惩罚的条件，什么情况下是达到行为目标了，什么情况下算犯规。

第四，要规定好由谁来监督，最好一直是同一个人，不要中间换人；也要规定好由谁来实施奖励和惩罚。家长要承担起责任，不要试图做“老好人”。

第五，常见的奖励和惩罚方式有以下几种。

常见的奖励方式有：多给零花钱，买运动器械、运动鞋、新手机、原版音乐碟、游戏装备、电脑等。有的孩子会要求家长带着去旅游或者去博物馆，有的会要求家长允许他们养宠物，有的会要求家长允许他们自由活动，比如和同学一起去看演唱会等。

常用的惩罚方式有：不允许看动画片，不允许用网络，不允许玩游戏，不给零花钱，等等。多数属于剥夺型的惩罚，而不是要求孩子去做什么（象征性的惩罚除外），因为那很难做到。比如孩子今天没有完成作业，家长罚他明天写三倍的作业，这样的惩罚很难实现。家长要避免把体罚作为惩罚的选项，因为体罚代表的是一种具有严重破坏性的关系，它换来的常常是对关系的破坏。

5. 制定亲子谈判协议

在亲子谈判的决策阶段，家庭成员通过一番协商，最终达成一份谈判协议。这是一份正式的协议，它清楚地写明了：

问题是什么；

是谁的问题；

行为改变的目标是什么；

有哪些具体的行动（行动计划）；

其他家庭成员有哪些具体的行动（行动计划）；

时限是多长；

有什么奖励措施（针对孩子的），如何实施；

有什么惩罚措施（针对孩子的和针对家长的），如何实施；

谁来监督。

这份协议还需要每一个参与谈判的人（包括谈判的协调人）亲笔签名，注明日期。

需要说明的是，如果爸爸妈妈两人意见一致，爸爸或者妈妈代表了自己的配偶跟孩子谈判，那么他一定要把谈判协议拿给配偶看，并且让配偶也签上名字。谈判协议要体现全家人的一致性和参与性。

为什么要做得这么正式呢？是以此来证明行动计划是严肃的，是要被认真执行的。因为它是一份证明，所以当孩子违约的时候（有的时候是家长违约），就可以把这份协议拿出来给他看。

6.“二选一”的大问题怎么谈判？

生活中有时候会遇到一些非此即彼的“二选一”的大问题，这类问题的实质是在两个选择之间做出决定时，家长和孩子意见相左，而双方似乎都有充分的理由，却难以说服对方。它有可能是生活中的小事，比如孩子想出去玩而家长不同意，也有可能是影响到孩子未来生活的大事，比如学业的选择。父母和孩子不可能各让一步，必须在两者之间做出一个决定。比如，孩子想出国留学，家长想让孩子在国内读大学，那么，在出国与不出国之间就没有一个度。又比如考大学选择专业，孩子和家长有分歧，在不同专业之间选择也很难有一个平衡。家长希望孩子选择那些就业前景好的专业，而孩子只是从自己的兴趣与爱好出发，这可是关系到孩子前途的事情啊！

有时候，面对一些两难的事情，我们很难说清哪一种选择更好。有一些选择的结果是难以预测的，也许要到好多年以后我们才能看到（比如婚姻和事业）。在这种情况下，我们认为，谈判的原则是充分评估各种选择的风险（比如目前的好专业过了几年后还会不会是好专业），不管做出何种选择，最终要实现家庭关系的和解。

如果家长认为孩子心智还没有成熟到能够在这件事情上为自己做决定的程度，如果家长觉得孩子的心理韧性还不够，不能够承担选择所带来的风险，可以替孩子做出选择，但是要做好他以后有可能因此而怨恨家长的心理准备。家长要评估自己的决定对孩子个人发展的长远影响，还要和孩子进行充分的交流，避免这件事情成为一个伤害事件，给他造成心理上的负担。家长要采取措施进行弥补，不要给亲子关系带来损害。

如果家长认为孩子已经可以做出自己的决定，他对理想的追求值得尊重，他对事情的判断值得信任，那么家长就可以尊重孩子的选择。家长可以调整自己的价值观，看得更加长远，以乐观的心态和孩子一起向前看，让孩子知道，即使他以后受挫折了，后悔了，家永远是他安全的港湾。同时家长要修复自己失落的情绪，不要做出一种牺牲者和奉献者的姿态，不要让孩子产生内疚感和亏欠感。

对于这样的问题，谈判仍然是按照关系问题谈判的步骤来进行，只是在某些环节的具体操作上有所不同。

“二选一”大问题的谈判过程

以孩子高考选专业为例。小芸一心只想报考 A 专业，而家长坚持要小芸报考 B 专业，他们都说服不了对方。

第一步，讨论问题的性质。我们可以把谈判的议题定为“小芸报考 A 专业”或者“小芸报考 B 专业”，这两个表述都可以。接下来对问题的性质进行评估，此时可以采用打分的方法，也可以采用讨论的方法，家长和小芸就 A、B 两个专业的优劣进行分析和讨论，例如，专业的前景、专业的难度、上学的成本等。即使在这个环节小芸能够说服家长，或者家长能够说服小芸哪一个专业更有可行性（尽管这种可能性很小），谈判也还没有完，还要继续进行下面的几个步骤。

第二步，对导致的结果及责任进行讨论。这个环节不需要打分，而是由家长和小芸来讨论。所谓的责任是指，如果小芸选择了 A 专业（或者选择了 B 专业），最终有可能带来什么样的结果，谁来为这样的结果负责，他们有没有能力来为这样的结果负责，以后如果出现意外的情况怎么办，有没有可以弥补的措施，等等。此时，不管双方能否达成一致，谈判都要继续进行。

第三步，对筹码的考量。在这里，双方要考虑他们解决问题的能力（资源）和与问题相关的需求。解决问题的能力（资源）是一种建设性筹码。如果某一方的需求得不到满足，他就有可能使用破坏性筹码。

家长和小芸要讨论的是：他们对两个专业是否都已经做了深入的研究，他们双方的决策力是否值得信赖，他们双方应对挫折的能力如何，各自还有哪些跟问题相关的需求，等等。由谁来支付上学的费用也可以作为一个考虑的因素。

第四步，谈条件。家长和小芸就选择哪个专业来谈条件。这个环节非常关键的一点是双方要尽量提出奖励性（建设性）的条件，而不是惩罚性（破坏性）的条件。比如，家长可以这么说："如果你同意了我的要求（选择 B 专业），你就可以跟我提条件。"而不要说："如果你不答应我的要求（执意选择 A 专业），我就不给你学费（或者其他苛刻的条件）。"如果小芸不提要求，家长可以主动给小芸提一些建议。

同样，小芸也可以这么对家长说："如果你们同意了我的要求，你们可以跟我提条件，我也答应你们的要求。"而不要说："如果你们不答应，我以后就不回家了（诸如此类的威胁）。"

第五步，达成协议（和解）。经过上面的几个步骤，选择 A 专业还是 B 专业，家长和小芸可以做出决定了。做出决定时要考虑的是：这个决定会不会给亲子关系带来实质性的伤害？会不会有一方感到不理解，会去埋怨甚至是怨恨对方？怎样避免给对方造成伤害？不管这个决定是怎样的，家长和小芸之间都要达成一个协议。这是谈判最重要的一步，也是谈判之所以叫作谈判的原因。协议要包括两个部分：

第一，家长要跟孩子说明，无论以后怎么样，家长都会跟她一起承担所有的责任。这些责任是在第二个步骤里面讨论过的，是指一些以后有可能发生的后果。

第二，如果最终的决定是小芸报考 A 专业（满足了小芸的要求），那么家长要向小芸提一个条件，这可以是第四步里面双方谈的条件，它可以跟小芸的学习有关，也可以是其他方面的。如果家长觉得实在没有条件可提，哪怕象征性地提个条件都行。同样，如果最终的决定是小芸报考 B 专业(满足了家长的要求)，那么家长一定要让小芸提条件(同样，这可以是第四步里面双方谈的条件)。即使小芸不愿意提条件，家长也要帮助她提条件，给她提供机会。

有必要的话，家长和小芸把这个协议写下来。

“二选一”大问题谈判的意义

有的家长会问，为了做个决定，有必要这么正式地谈判吗？其实，之所以这么正式，是因为它涉及的议题很重大，影响深远，而且双方互不让步，这就很容易影响亲子关系。这类谈判的特殊之处在于，谈判的主要目的不是做出一个决定（尽管最终结果是做出了一个决定），而是维护亲子关系。

生活中，家长在跟孩子做决定时可能很少这么正式。很可能有些家长连步骤一都没有，全凭一己之见就替孩子决定了学业、学校，甚至是事业和婚姻。

有的家长和孩子一起走到了步骤一，有的一起走到了步骤二，有的一起走到了步骤三（“如果你不听我的，我就不给你学费”）。并不是说这样就解决不了问题，只是这种解决问题的方式很有可能给亲子关系带来伤害。

上面的谈判之所以要设置五个步骤，正是出于对亲子关系的考虑。

在步骤五里，首先，不管最终做出了什么决定，家长和孩子要共同承担责任。更重要的是，如果家长为孩子做了决定，就要考虑孩子的感受，要避免给他们带来情感上的伤害，因此要想办法来弥补，办法之一就是让孩子提条件。如果家长让孩子自己做了决定，很有可能家长是在心理上和情感上做出了牺牲，但是家长不能让孩子因为这种牺牲而产生内疚感，所以向孩子提个条件，哪怕只是象征性地提个条件，都是对孩子情感的最贴心的照顾。

生活中家长常常把握不好谈条件的尺度，有的时候家长在琐碎的事情上跟孩子提条件（“把米饭吃完就可以吃糖果”），让孩子提条件（“答应给我买雪糕我才去上课”），却忽视了在重要的事情上跟孩子谈条件。**在很多事情上，判断要不要谈判的依据就是看看它会不会影响亲子关系**。孩子年龄越大、问题越关键、事情越重要，家长越需要和孩子谈条件，也就是去谈判。

很多亲子矛盾产生的原因在于家长固执地认为**自己的**选择帮助孩子实现了**孩子的**价值。很多时候，家长没有认真去考虑孩子需要的到底是什么，孩子需要的和家长给予的是不是一样的。更有甚者，有的家长要求孩子的行为必须满足家长自己的需求。

有的家长对孩子说：“我养你到18岁，18岁以后你就可以自己做决定了。”但是，所有孩子的成长过程都是一个逐渐和父母分离、走向独立的过程。没有一个孩子是在18岁那一天一下子独立起来的。在这个独立的过程中，在很多事情上，孩子需要有自己的价值选择。这个选择的过程也是孩子学会承担责任的过程。

也有很多时候，孩子的决策能力确实不够成熟。如果家长认为在某些重要问题上他们必须为孩子做决定，那么家长可以来做这个决定，只是在做决定的同时，家长要让孩子充分表达自己的想法和感受，并且有提条件的机会。这个时候，谈判双方唯一的共同目标和方向仍然是维护亲子关系，维护亲子之间相互的爱。

在实际操作中，也许家长不需要按照前面介绍的步骤机械地操作。比如，在谈条件的环节，有些家长很了解孩子，知道孩子要什么，因此在帮孩子做决定的时候就不必非得让孩子自己提要求不可。还有的家长，他们在对孩子付出的时候从来不会让孩子产生内疚感，因此当他们让孩子做决定时，也不一定非得对孩子提要求。上面的五个步骤体现了亲子之间的一种互动方式和原则，家长在跟孩子互动时不一定按部就班、一丝不差地执行，家长心里对整个过程有一个整体的把握，明白其中的道理和用意即可。

“二选一”大问题的谈判是关系问题谈判的一种特殊形式。生活中很多看似不可调和的矛盾，其实仍有调和的余地。很多看上去是“二选一”的大问题，其实是能够折中的。很多“要不要去做”“该不该去做”的问题其实并没有那么绝对。由于“二选一”大问题谈判的目标是维护亲子关系，如果家长面对此类问题时关注的重点是亲子关系，那么他们就可以按照这五个步骤去谈判。

小结

确定行为目标的依据是对问题的评估、对筹码的评估和对行为价值的判断。

行为改变的目标是通过谈条件来最终确定的，这个过程也明确了每一个人的行动计划。

每个人的行动计划都要符合一个共同的价值。

谈判中制定奖励和惩罚措施的目的与平常的奖励和惩罚不同，是由谈判的特点决定的。

亲子谈判协议是执行行动计划的依据。

“二选一”的大问题，谈判的目标和方向是维护亲子关系。

第八章

执行行动计划

★★★★★

经过前面的一番努力，现在到了行动的时候了。执行阶段是检验前面的谈判成果的时刻，如果这个阶段顺利实施，那么一个谈判的过程就完成了。但是在这个阶段，不管是孩子还是家长，仍然会面对很多挑战。家长要做好心理准备，应对这个阶段的挑战。

1. 把行动计划坚持下去

在签订谈判协议以后，家长和孩子接下来就要执行行动计划。有些孩子还没执行几天就后悔了。他们签协议的时候没有预料到执行时的困难。行为模式的惯性会给改变带来很大阻力。有的孩子可能会要求重新谈判，有的孩子要求在谈判协议上增加新的内容，有的孩子犯了错误就想逃避惩罚。孩子会找很多理由来为自己辩护，家长要如何应对呢？

现在的孩子都很精明，也非常善于钻空子，他们总是想从协议中找到漏洞。而家长的原则应该是协议制定好了就要执行。因为现在是谈判的执行阶段，已经过了评估和决策阶段，如果孩子还是继续和家长讨价还价，那就会停留在原地，没有进展。家长要跟孩子说明这一点，要尽量说服孩子至少坚持两个星期，两个星期以后再去评估问题的严重性，看看之前的行动计划有没有效果。

有些家长问：“都已经谈好了，为什么孩子还是那样（行为没有改变）？”他们一看到孩子没有认真执行谈判协议，就认为谈判没有效果，马上就灰心了，自己也不想遵守谈判协议了。这样的情况怎么处理呢？

家长要有一个明确的概念，那就是行为改变需要一个过程。无论是惩罚措施还是奖励措施都不能保证孩子的行为立即改变。亲子谈判制定的惩罚措施不是为了让孩子不犯错误，而是为了在孩子犯错误的时候有相应的对策。它的目的是让孩子建立规则意识，而不是单纯地通过惩罚措施来塑造孩子的行为。

有了这个概念，那么家长在执行阶段的头几天看到孩子违反谈判协议的时候，要尽量降低自己的焦虑感，只需要让孩子在犯错误的时候接受约定好的惩罚就可以了。因为这个惩罚措施是写在谈判协议上的，是孩子同意了的。这些惩罚措施看起来给孩子造成了“巨大痛苦”，但实际上比家长那些出于愤怒而突兀地对孩子采取的惩罚伤害要小很多，效果也会好很多。

至于奖励措施，孩子在越接近奖励目标的时候就会越珍惜自己前面的努力，但前提是这个奖励一定不是遥不可及的。

有时候家长没有监督到，没有确实的证据证明孩子犯规，或者说家庭成员之间对孩子的行为到底算不算犯规有很大的争议，这种情况下就当成孩子过关了，不要实施惩罚。因为在这种家庭成员都找不到事实依据来证明孩子犯规的情况下，最起码说明孩子也在尽量努力收敛之前明目张胆的犯规行为了，孩子愿意去做并努力坚持去做，这本身就是一种积极的改变，这个改变的意义比家长要求孩子一定要做到滴水不漏的意义大很多。在谈判开始的前两周，如果孩子明显违反规则的次数每周不超过两次，并且最终坚持了下来，那么家长就可以认可孩子完成了行为目标。家长可以想办法把谈判这件事做得轻松一些，调动孩子的积极性。

还有一些家长看到孩子执行了协议，认为这个办法管用，就迫不及待地想再来一轮谈判，对孩子提出新的要求，这样的做法可取吗？如果孩子的行为有进步，家长再心急也要按捺住冲动，一定要等到一个谈判的周期结束了以后再去跟孩子提新的要求。这体现了家长对规则的遵守，也保证了谈判的公平，谈判才能够起作用。

有的家长会问："如果一个月才培养孩子一个行为，会不会太慢了？"事实上，当孩子在一个行为上做好了，他在其他行为上就更容易做好。亲子谈判最终是为了让孩子学会自我管理。对于有关系问题的家庭来说，孩子的行为只要有一点儿改变，他和家长的关系就会缓和很多，他的行为最终会变得越来越好。

2. 明确行为目标：调整期待和情绪

在制定谈判协议时，家庭成员会用明确的文字在谈判协议中写明行为目标，可是有些家长对这个目标不重视，因为他们总是期待谈判会让孩子出现“令人满意”的行为，期待这个行为带来的“超出期待”的结果。我们来看一个例子：

浩浩刚上小学，家长发现，浩浩在家里学习的时候总是坐不住，拿着书本看上两三分钟就要满屋子乱跑。家长要不停地催促，浩浩才能再坐下来一小会儿。浩浩和家长的谈判协议上这样规定行为改变目标：浩浩每天晚上7点到7点半看半个小时的语文书，坚持一个月。

家长是这样理解的：既然坐下来看书，就要专心地看，如果坐在那里装装样子有什么用呢？于是当他们看到浩浩坐在那里拿着一本书漫不经心的时候，他们就会看不下去，就会走过去督促浩浩认真看书。

浩浩家长的做法有问题吗？

答案是有问题。对于一个喜欢跑来跑去、不能安静下来专心看书的孩子来说，让他能够坐下来是重要的第一步。要先让孩子能坐下来，至于认真不认真，这个等到下一步再来解决。这在评估问题的严重性和改变的难度时，是要认真衡量的。如果一上来就制订一个要求孩子“认真”的目标，孩子往往不知道怎么做，而且这个“认真”没有标准，难以衡量。亲子谈判中家长需要经常思考的问题是：不管是孩子还是家长，先要做到什么程度？

如果家长和浩浩一起制订的行为改变的目标是“每天晚上7点到7点半看半个小时的语文书”，那么只要浩浩确实坐在了那里，并且捧着一本语文书，不管他有没有认真，他都遵守了谈判协议，都算完成了任务。如果家长这个时候去催促他“认真看书”，就是给孩子额外的任务，就违反了谈判协议。

家长为什么会自觉或者不自觉地违反谈判协议？那是因为他们不善于控制自己的期待和情绪。我们再来看个例子：

妈妈对孩子说：“写完了数学作业就能看电视。”孩子把数学作业写完了，妈妈一看时间还早，动画片还没开始呢，就对孩子说：“再去把英语对话听一遍，然后再看电视！”

这样的做法会造成孩子拖拉。因为现在的孩子很聪明，一旦他感觉到就算自己提前完成任务，也不能去做自己想做的事，妈妈还是会再分配一个任务给自己的，既然这样，那他那么积极不是给自己增加负担吗？那孩子就拖到最后一刻才去完成。所以这种拖拉是孩子在与妈妈的互动过程中学到的对付妈妈的经验，这一点家长务必要注意。我们通过对很多家庭的观察发现，其实，很多孩子是有能力提高自己的效率的，但是当他发现提高效率没有实际意义时就会放弃。这种拖拉其实是家长没有控制好自己的期待造成的，要想让孩子学会自律，提高效率，就不能随意改变和提高期待，这一点在执行过程中非常关键。当孩子取得一点儿进步的时候，很多家长的反应是期待孩子立即取得更大的进步，这叫“趁热打铁”，殊不知这样做的实质是“拔苗助长”。孩子只有按照自己的进度去进步，才有真正的内在动机，一旦家长对孩子有过多的期待，就会损害孩子的动机。

家长不坚持原则，一个最大的影响因素就是不稳定的期待，也就是说，家长心里没有一个明确的目标和方向。看到孩子在努力，就马上兴奋地期待他成为全校第一；看到孩子考试成绩不好，就灰心地想着孩子以后能混个普通学历就不错了。在家里看到孩子哭闹，家长的目标是“让孩子学会讲理”；在外面人多的地方看到孩子哭闹，很多家长的目标马上就变成了“千万别在外面丢脸”。没有明确的目标和方向，家长的行为就没有针对性。

另一个有可能造成家长不坚持原则的因素是情绪。有时候，在执行谈判协议的过程中可能会出现一些意外情况，比如孩子某一次考试不及格，或者孩子犯了一个比较严重的错误，或者孩子跟家长产生了冲突，这都有可能造成家长一气之下撤销对孩子许诺过的所有奖励。

家长应该思考，考试不及格到底跟行为目标有没有关系？孩子偶然犯的错误、跟家长的冲突，到底跟行为目标有没有关系？如果没有关系，那么家长就要分开来看待，坚持把行动计划执行下去，不能让自己的情绪被一些偶然发生的事情左右，影响行动计划的执行。

有一个四年级学生，针对每天的作业问题和家长谈好了一份协议，奖励方案是假期全家去旅游。在行动计划执行结束后，家长准备兑现奖励，暑假带孩子去旅游，酒店都订好了。可是期末成绩出来后，孩子考试成绩不理想，妈妈大发雷霆，不仅训斥了孩子一顿，还当着孩子的面打电话把已经预订好的酒店房间取消了，结果孩子非常恼怒，大哭一场，把自己关在房间里不出来，饭也不吃了。父母怎么劝说都没有用，无奈之下买了机票把爷爷奶奶接过来对孩子进行安抚。孩子表示，就算现在带他去旅游他都不想去，以后再也不会相信爸爸妈妈了。类似这样的事情在生活中并不少见，当初的目标就是关于作业的，与考试成绩并没有关系，妈妈一怒之下没有处理好情绪，造成了一个非常难以扭转的局面，这种事情对孩子心理上的打击非常深远，是无论多少次旅游也弥补不回来的。家长一定要有一个清楚的目标和方向，控制好自己的情绪，不能随意改变期待。看上去不是一件很大的事情，家长轻易之间就可能造成很难收拾的局面，想要再去扭转这样的局面，想再和孩子进行谈判或者修复亲子关系会非常困难，那会需要付出更大的代价。

还有一些时候，家长的情绪难以控制，并不是因为出现了什么不可预料的事情，而是因为孩子挑衅和试探家长。有一些家长和孩子的互动模式是这样的：孩子挑衅，家长发脾气，冲突升级，家长惩罚孩子，冲突慢慢平息下来，家长因为惩罚了孩子感到内疚而去补偿孩子（有时候是父亲惩罚了孩子，母亲去补偿孩子，有时候是反过来），孩子获益。在这种模式的影响下，孩子会无意识地把挑衅父母作为一种解决问题的方式，因为他们最终能够从中获益。比如，有的家长打了孩子，看到孩子很伤心，就会去安慰他，安慰的时候家长常常会满足孩子的某些要求。有的孩子非常善于挑起和家长之间的冲突，这是在旧的互动模式中形成的一种行为倾向。在亲子谈判中，家长要去觉察这种互动模式，当孩子挑衅的时候，家长不是发脾气，而是执行谈判协议的规则。这样，孩子就会慢慢消除这种挑战和试探的行为倾向。

最后要说明的是，谈判协议是全家人共同签订的，所以爸爸妈妈在执行的时候必须要有一致性，一定要互相配合。如果不互相配合，孩子就很容易钻空子。

3. 从各自的行动到共同的规则

任何一个问题，只要是在家庭成员的互动中产生的，就一定会反映家庭成员的互动模式。在这个模式中，每一个人的行为都不是孤立存在的，都有可能对其他人产生影响。

如果我们对一个家长说：“你对孩子太啰唆了，需要减少一些啰唆。”这样的建议基本上是没什么用的。因为啰唆这个问题不是今天突然产生的，它是在家长和孩子长期的互动模式中逐渐形成的。只有当啰唆的对象（与之相对应的孩子的行为）发生改变的时候，啰唆这种行为才会改变。例如，一个孩子说爸爸啰唆，爸爸对孩子说：“如果你回应我，我还会啰唆吗？”孩子又会辩解说：“你那么啰唆，我就不想搭理你。”这样的循环是没有意义的。爸爸的啰唆（模式）对应的是孩子的行为（回应）。家长只需和孩子这样谈：“下次我说一句，你马上回应我，我就不再说你。咱们能这样坚持一个月，我就给你一个奖励。”这就是一种谈判式的互动模式。如果孩子做到了，爸爸兑现了奖励，他们就会摒弃以前互相指责的旧模式，一种新的互动模式就形成了。

再来看个例子：

爸爸妈妈因为轩轩昨天玩手机严重超时，今天按照谈判协议把他的手机没收了。可是，轩轩还是去找妈妈软磨硬泡想拿回手机，一会儿说自己需要下载一个文件，一会儿又说自己有道题目不会要问同学。妈妈看他急得团团转，心有不忍，就把手机给了他。爸爸看见了，要求轩轩把手机立即交回。轩轩有了妈妈撑腰，哪里肯把手机交回去？父子两人开始闹矛盾。轩轩大哭起来，看到轩轩情绪这么激烈，妈妈又去安抚轩轩。爸爸很生气地说："这种说了不做的协议有什么用？我宣布退出协议！"

妈妈心软违反了规则，直接造成了孩子和爸爸之间的矛盾。不论妈妈的行为是有意还是无意，都会造成爸爸在约束轩轩行为时遇到来自轩轩的更大的阻力。妈妈在把手机还给轩轩时，只考虑了自己和轩轩的感受，而忽略了爸爸的感受，这对孩子的影响很不好。

在家庭中，如果孩子总是觉得妈妈好说话，爸爸不好说话，那么一有问题他就一定会去找妈妈而不去找爸爸，妈妈就会变得越来越累。到了一定的时候，妈妈有可能会反过来埋怨：为什么这孩子有事情总是找我而不去找他爸爸呢？为什么他爸爸总是不管孩子的事情呢？事实上，不是爸爸不管孩子的事情，而是妈妈逐渐变成了孩子和爸爸之间的一道"防火墙"。

可是，妈妈也是有自己的委屈的。妈妈认为爸爸在教育轩轩的时候太过强硬，父子之间总是容易杠上，弄得家庭氛围很不好。每当这些时候，妈妈就不得不去调解。因此，妈妈和爸爸也会闹矛盾。妈妈既要照顾孩子的情绪，又要处理跟爸爸的关系，她也很不容易。其实，妈妈可以在谈判的评估和决策阶段跟爸爸约定好：在轩轩违规的时候，要去合理地应对而不是强硬地处理（比如发脾气）。而在谈判的执行阶段，妈妈要做的不是调解，而是执行规则。一旦家庭成员通过谈判达成了规则，这些规则就需要他们共同来遵守。

妈妈说服了爸爸继续执行谈判协议。在行动计划执行了两周后，轩轩又一次想跟妈妈要手机，这次不管轩轩怎么哀求和哭闹，妈妈都是果断地拒绝。当轩轩看到妈妈和爸爸是一个一致的“同盟”，自己无论如何也没办法打破规则之后，也只好停止了哭闹。而当轩轩遵守了规则，爸爸以前那种强硬的处理问题的方式也就不存在了。

行动计划都是针对非常具体的行为，比如制定了孩子用手机的行为规则，然而它的意义和影响远远不只是改变了一个行为。因为在制定行为规则的过程中，家庭成员思考了一个问题，思考了各自在这个问题上的责任，思考了各自的行为会带来什么样的后果。在解决问题的过程中，他们建立了良好的互动模式并且认识到遵守规则的重要性（对于孩子来说这是更长远的价值）。

对于复杂的家庭关系，家庭成员通过谈判会发现他们各自行为相互的影响。只有遵守规则协同行动，才能跳出那些负面的互动模式，重新建立起积极有效的互动模式。

通过谈判谈出来的规则是有利于所有的家庭成员一起成长的，因为规则的制定建立在家庭成员认可的共同价值的基础之上。谈判帮助每一个家庭成员探索成长的可能性。正因为他们不知道怎样去改变，所以才要去谈判，去澄清行为的价值，去选择那些能够带来积极改变的行为。在这个过程中，有的时候是家长帮助孩子，有的时候是孩子帮助家长。

如果谈判的结果仅仅是帮助家长实现了目的，而家长没有意识到任何有效的行为模式和互动模式，那这样的谈判效果是打了折扣的。那些被家长和孩子写在纸上并且签了名字的规则总有一天会消失，只有那些内化到行为模式中的规则，才会持久地存在。

小结

亲子谈判协议签订以后，家长要把行动计划坚持下去。在刚开始的两周，孩子执行起来可能困难比较大，家长的尺度可以稍微松一些。家长要去发现孩子积极的改变。

家长在执行谈判协议的时候，要对行为目标有准确的把握，合理地判断孩子是否达到了行为目标；家长控制好自己的情绪和期待，这样才能把行动计划执行下去。

随着时间的推移，家庭成员能够通过行动计划建立家庭内部的共同规则。

第九章

家长之间的一致性

★★★★★

在讨论筹码的时候我们说过，孩子经常利用爸爸妈妈之间的不一致，或者爸爸妈妈与爷爷奶奶、姥姥姥爷之间的不一致去违反规则。爸爸和妈妈之间难免会存在分歧，他们和自己的父母之间也经常会有矛盾。他们怎样为了孩子去达成一致或者互相配合呢？很多父母的行为模式受到自己原生家庭的影响，他们又要怎样消除原生家庭带来的负面影响呢？

1. 爸爸和妈妈之间的一致性

很多家庭中，孩子出现行为问题的一个重要原因是爸爸和妈妈在教育孩子上的意见以及行为不一致。爸爸和妈妈毕竟来自两个不同的家庭，带着两个不同的原生家庭的影响。作为成年人，他们有组建家庭的基础，但是他们通常互不了解对方小时候的经历，而教育孩子的方法常常受到个人成长经历（尤其是孩提时代的经历）的影响。

在亲子谈判中，如果爸爸和妈妈之间有分歧，那有两种处理的方法：一是他们和孩子一起进行三方的谈判，这种谈判一定是关系问题谈判；二是爸爸和妈妈先进行协商，解决他们之间的分歧，争取达成一致，即使不能达成一致，他们也要在行为上互相配合。双方要把握以下三个原则。

第一，达成一致比争论谁对谁错更重要。很多家长抱怨，自己和配偶在教育孩子方面的理念相差太大，他们管教的方法和尺度都不一样。比如，爸爸认为应该管得严一点儿，对孩子有很多的限制，这也不许做，那也不许做。孩子觉得很委屈，就会向妈妈诉苦。妈妈认为孩子的天性如此，限制太多会压抑他的天性，因此就会更多地顺着孩子。爸爸就会指责妈妈惯着孩子，妈妈则会认为爸爸影响了孩子的情绪。这个时候很难说清爸爸妈妈谁对谁错，因为标准不一致：一个是为了孩子的行为好，一个是为了孩子的情绪好。

有些家长通过学习或者跟别人交流，能够认识到自己管教孩子的方法是有待商榷，需要改变的。但是生活中有很多情况，很难说清楚爸爸妈妈两个人到底哪一个的做法更正确。每个家庭都有自己特殊的情况，在管教孩子的方法上不能生搬硬套。这时候，夫妻两个人达成一致比争论谁对谁错更重要。如果有两个家庭，第一个家庭的爸爸妈妈用一种不是很科学的方法管教自己的孩子，但是两个人的意见很一致，第二个家庭里一个家长用很好的方法管教孩子，但是另一个家长总是不配合，那么，第二个家庭的孩子出现问题的概率会远远大于第一个家庭的。

人们很难做到绝对的理性，家庭里也很难找到一个所有人都信服的标准。但是在遇到事情的时候，夫妻两人互相支持配合比起裁定谁对谁错应该更容易做到一些。如果认为只有判定了谁对谁错之后才能解决问题，错的人必须去配合对的那个人，那两个人就真的很难配合。

第二，爸爸和妈妈进行角色的分工，各自负责在孩子生活的某些方面做决策。比如爸爸可以负责孩子的学习、运动、社会交往，妈妈可以负责孩子的穿衣、饮食、课外活动。如果在孩子的某一件事情上面爸爸妈妈都抢着管，就很容易造成冲突。夫妻双方在管教孩子的问题上应尽量分工明确，属于一个家长的责任，另一个家长就要尊重对方的意见，不去干预，这样双方就更容易保持一致。

还有不少家庭存在这样的现象：家庭是完整的，但是家里的某个角色是缺位的。比如，有的妈妈（爸爸）抱怨，这个家里虽然有爸爸（妈妈），但是和没有爸爸（妈妈）一样，因为爸爸（妈妈）经常不回家，也不管孩子。由于爸爸（妈妈）角色的缺位，妈妈（爸爸）就会把更多的注意力放在孩子身上，和孩子的关系过于密切。当夫妻之间出现严重矛盾时，他们中间的一个人和孩子形成结盟的关系，去针对另外那个人，此时那个被针对者会受到配偶和孩子的夹击。这种一个家长对孩子管得松、一个家长管得严的后果是爸爸妈妈分别在某些方面管不住孩子，进而把怒气发在对方身上，矛盾越来越深。

除了一些单亲家庭或者特殊结构的家庭，亲子关系的“亲”一定是包含着爸爸和妈妈两个角色的，夫妻两人要给予孩子同等的关注。对照顾孩子的责任进行分工其实是一种相互的配合，它可以让家庭里那个缺位的一方回到自己的位置，让那个担负了太多责任的人，把责任分给另一方。分工能让夫妻双方更好地担负起责任，维护家庭功能的完整，给孩子设定更好的边界。当孩子有了边界感时，夫妻之间的关系也会越来越好。

第三，对于孩子的事情，夫妻之间不要互相指责。有时候，一个家长不敢坚持原则的原因就在于害怕自己配偶的指责和埋怨，害怕担责任。“不互相指责”能给双方带来更大的信心，使自己在态度和行为上都更坚定。当家长的行为更加从容和坚定时，孩子就会有更多的边界感。在那些遇到问题时不互相指责的家庭里，大家往往更容易达成共识。

不指责不代表完全的赞同，不是说没有任何分歧。也许事情的结果并不好，不互相指责代表着共同承担责任，是一种合作的态度。而指责更多的是情绪的发泄，解决不了问题。

有时候，夫妻之间的一方认为对方的行为方式和自己相差很远，或者自己不能理解，那也不要在孩子面前指责对方，应尽量私下和对方商量讨论。夫妻相互尊重对孩子的心理健康成长尤为重要。当着孩子的面互相指责甚至互相拆台对孩子的行为有着极为负面的影响。爸爸（或者妈妈）可以对孩子说："尽管我不同意你妈妈（爸爸）的一些想法，但我们还是相爱的一家人，我们要互相尊重对方，共同来想办法解决这个问题。"不要对孩子说自己另一半的坏话，不要把孩子当作倾诉的对象，也不要把孩子当作夫妻之间的传声筒。在亲子谈判中，父母要做到为了孩子去调和夫妻之间的关系，而不能利用孩子去解决夫妻之间的问题。父母之间的关系不应影响他们在家庭中身为父母的责任，这一点非常重要。

2. 爸爸妈妈和老人之间的配合

很多年轻的爸爸妈妈由于工作原因没有足够的时间照看孩子，于是他们就把自己的父母（孩子的爷爷奶奶或者姥姥姥爷）接到家里来，帮助他们带孩子。很多孩子从小到大都是由爷爷奶奶或者姥姥姥爷接送上下学的。老人们通常很疼爱孩子，孩子和老人们的感情也很深。随着孩子长大，爸爸妈妈开始感觉到，他们在管教孩子时，常常受到老人的干扰。比如，妈妈不给孩子零花钱，爷爷就偷偷地给；爸爸批评孩子，奶奶就沉着脸不高兴。

还有一些家庭，老人虽然不和他们同住，但是来往频繁，孩子和老人的关系也很亲密。有的孩子在家里不能看电视，一到爷爷奶奶家就霸占了电视，而老人们也是听之任之，爸爸妈妈在这个时候说话就不管用了。

当爸爸妈妈给自己的父母提意见时，老人往往打出情感牌：“我不仅养育了你，现在还帮助你养育孩子，我这么大年纪容易吗？我是为了谁?”此外，老人常常给出这样一些理由：

“孩子还小，不懂事是正常的，长大一点儿就好了。”

“我还不是把你都养大了，你不是挺好的吗？我还不懂怎么教孩子?”

“孩子是我从小带到大的，我比你更了解他!”

“你小时候也是这么不听话的，这孩子就是随你。”

“你现在这样惩罚他，以后他能对你好吗?”

老人们的这些说法，爸爸妈妈很容易反驳，可是很多老人都比较固执，很难和他们讲道理。而且他们手里还有一张牌：“不让我管我就不管，不行的话我走!”没有人愿意和父母闹僵，而且实际的情况是，很多家庭需要老人来帮助照看孩子。

既然爸爸妈妈跟老人讲道理没有用，那就要尽量想办法从行动的层面上去解决问题。当孩子利用爷爷奶奶、姥姥姥爷去对抗爸爸妈妈的管教的时候，老人和孩子就形成了一种结盟的关系。爸爸妈妈要去分析孩子和老人结盟的原因，进而在行动上采取对策。

首先，家庭中总是存在着这样一种张力：孩子害怕父母，父母又害怕他们的父母。爸爸妈妈向孩子灌输的想法是：孩子要听父母的话，孩子要尊敬和孝顺父母。那么本身作为儿女的他们就要以身作则，听老人的话，尊敬和孝顺老人。于是孩子就有这样一种印象：爸爸妈妈可以管我，但是也有人能管得住他们。孩子会为了反制爸爸妈妈而和爷爷奶奶、姥姥姥爷结盟。因此，在家庭里，爸爸妈妈要尽量避免表现出害怕

（不得不顺从）老人的样子。爸爸妈妈要尊重、孝顺老人，但是有分歧的时候要商量，必要的时候要表明立场，让孩子看到，爸爸妈妈才是真正做决定的人。

其次，很多老人通过对孙子孙女的影响去“控制”自己的子女，爸爸妈妈一定要认识到这一点。老人总是希望自己在家庭里继续发挥影响力，能够被看得见、听得见，或者说不要被遗忘了、抛弃了，于是总是无意或者有意地在一些事情上和孩子的父母产生摩擦，以此来巩固他们在自己儿女心里的地位和尊严。老人在很多事情上对子女可能是不满的，但是他们只有在管教孩子的问题上才有更多的表达机会，他们会把不满的情绪在这些问题上向子女发泄。这就要求爸爸妈妈在关注孩子的同时也要关注老人，让老人体会到被重视和被尊重的感觉。比如，在一些事情上先询问老人的意见，让他们先表达，然后再讨论可行性，再制订最终的方案。老人有了表达意见的机会，就会更配合子女的行动了。

最后，爸爸妈妈和老人在管教孩子方面也要做好分工。老人总想尽可能多地表达对孙辈的爱，尽管这些表达的方式有的没有原则，但由于是以爱的名义，所以爸爸妈妈常常觉得无法拒绝。比如，爷爷奶奶给孙子买了个游戏机，爸爸虽然觉得不太合适，但又不好意思拒绝，既然买了，就给孩子玩吧。这就是一种没有原则的做法。在零食和零用钱方面，爸爸妈妈和老人之间也经常做法不一致。这就要求爸爸妈妈限制老人管教孩子的范围，尤其是在满足物质需求的方面，有些东西约定好只能由自己来买，老人不要买。

为了避免老人把太多的精力放到孩子身上，爸爸妈妈帮助老人培养一些兴趣爱好也不失为一个好办法，比如让他们去健健身、跳跳舞，或者去上老年大学，这样可以让他们转移注意力，减少他们在管教孩子上的责任。

有一些老人更适合陪伴孩子，他们更容易和孩子共情；也有一些老人比子女还要啰唆，让孩子更加反感；有一些老人适应性和灵活性都很强，他们的经验确实给子女带来了很多帮助，他们也愿意学习新的东西来跟上时代的发展；还有一些老人思想落后，他们依然在使用一些不合时宜的方法去管教孙辈。爸爸妈妈可以依据老人的特点为他们安排相应的职责。有些时候，如果爸爸妈妈确定老人的影响非常负面，而他们又非常顽固，自己无法和他们达成一致，那最好的选择还是和老人分开住，自行担负起管教孩子的责任。

3. 与原生家庭达成和解

作为成年人，当我们讨论原生家庭的时候，我们通常是讨论在我们小的时候父母对我们的影响，这种影响也许会一直持续到成年。有很多离开了家乡在异地成家立业的人，他们的生活方式与父母的生活方式可能完全不同，但是他们一回到家乡的父母身边，仿佛又变成了过去的孩子。由此可见，原生家庭对一个人影响非常深远。

一个人总是会从自己身上或多或少地看到父母的影子。家庭的行为模式和互动模式是会传承的。父母之间争吵不休，孩子长大以后往往也经常和伴侣争吵；父母对孩子要求苛刻，在这样的环境中成长起来的孩子长大以后往往也对自己的孩子要求苛刻；父母经常体罚孩子，孩子长大以后就很容易把体罚作为一种规训自己孩子的方法。还有一些人，他们在成长过程中曾经对父母有过诸多不满，但是后来他们发现自己也活成了父母的样子。这是因为原生家庭环境中的很多模式已经被人们慢慢地内化了，虽然人们可能意识不到这些模式的存在，但是会不自觉地用这样的模式去应对问题。

有很多人抱怨自己的某些性格和行为方式受到了原生家庭的负面影响，比如容易生气、缺乏安全感、不自信也难以对别人产生信任感、容易和别人产生冲突、容易逃避，以及其他一些不合理的认知方式和行为倾向。在这里，我们不去讨论原生家庭对个体到底会产生哪些负面影响，而是着眼于现在：如果我们认为原生家庭已经给我们造成了负面影响，我们要怎样去处理。

作为曾经的孩子、现在的父母，我们可以反思自己的哪些行为方式是从自己的原生家庭继承来的，自己又正在用其中的哪些行为方式影响着自己的孩子。如果我们对问题的应对方式总是解决不了问题，总是导致相似的结果，那么我们就要去反思自己的行为模式。反思原生家庭造成的负面影响不是为了去责备原生家庭，而是为了与原生家庭和解。和解包括两个方面的意思。

第一，我们要和父母和解。和解的方式就是，我们要承认父母本质上是爱我们的，只是有时候用错了表达方式。父母受到他们自身局限性的影响，也许他们的某些想法、某些做法曾经给我们带来了负面影响甚至是伤害（有一些父母对孩子的虐待和严重的暴力行为不属于我们在此讨论的内容，我们这里所说的伤害更多的是指行为模式的负面影响），但是我们不能用那些想法、做法去否定父母对我们的爱。为了我们，父母也许已经竭尽全力。如果我们不能跟父母和解，我们就很难走出原生家庭的模式。如果我们不去原谅自己的父母，我们就很难拥有真正的爱别人的能力。

第二，我们要和自己和解，因为曾经的我们就是原生家庭的一部分。很多人在成长的过程中会有遗憾或者创伤，这些遗憾或者未治愈的创伤是成长中的未完成事件。很多人的错误在于，他们把自己成长过程中未完成的事推给了自己的孩子，想让孩子帮助他们弥补缺憾，实现他们的理想。与自己和解，就要面对和处理自己的未完成事件和创伤，而不是把这些寄托在孩子身上。如果我们相信自己最终能够摆脱原生家庭的负面影响，我们就能认识到，每一个孩子最终都会成长为一个既爱我们又不同于我们的人。

每一个父母都应该感谢自己的孩子。人们常说，父母是孩子的榜样。其实，孩子也是父母的榜样。治愈自己童年创伤的最好的办法就是看着自己的孩子健康成长，用自己的爱弥补曾经未被满足的心灵。陪伴孩子成长的过程，就是父母再次成长的旅程。

小结

爸爸妈妈可以同时与孩子谈判，也可以两个人先达成一致了再去跟孩子谈判，这也适用于他们和老人之间。

夫妻之间保持一致要遵守的原则是：达成一致比争辩谁对谁错更重要；在承担孩子的责任上进行分工；不互相指责。

爸爸妈妈和老人在处理孩子问题上的原则是：爸爸妈妈要坚持自己的原则；避免老人跟孩子结盟；限制老人管教孩子的范围。

如果爸爸妈妈觉得自己的原生家庭给自己带来了负面的影响，那么他们最好的处理方法就是与原生家庭和解。与原生家庭和解意味着与父母和解，与自己和解。

第十章

行为问题案例

★★★★★

本章提供了两个行为问题谈判的案例。一个是关于孩子用手机的问题，一个是关于孩子抽烟的问题。这两个案例向读者展示了行为问题谈判的过程以及原则。我们提供的案例都是改写过的，使用了化名并做了隐私保护处理。参与谈判的家庭都表现得相对理性。我们的目的不是还原一个生活中真实的谈判过程，而是让读者更好地理解谈判的步骤和原则。

1. 放不下手机的亮亮

男孩亮亮，今年 13 岁，正在上初中一年级。亮亮从小学三年级就有了自己的手机，一开始是用来学英语，后来他自己学会了安装游戏软件，每天总是要玩一会儿游戏。上了初中以后，学校不准学生把手机带进教室。亮亮每天一回家就迫不及待地把手机拿出来。爸爸妈妈发现，现在亮亮在家里一拿起手机就放不下了。

爸爸妈妈一次又一次地要求亮亮提高自觉性，控制使用手机的时间。亮亮感觉到了爸爸妈妈的不满，就开始躲着他们偷偷地玩。有几次爸爸妈妈没收了亮亮的手机，但是很快亮亮又有了一个名正言顺使用手机的理由：老师布置的部分作业需要用到手机。爸爸妈妈左右为难，让孩子自由地用手机，他不自觉，自己不放心；在不给吧，孩子又确实需要。

有时候爸爸妈妈看亮亮拿着手机，不知道到底是在写作业还是在看别的东西，非常发愁。爸爸想给亮亮规定每天放学回来只能用一个小时手机，但是亮亮还是有新的借口，他说要查资料、查字典，要用社交软件和同学保持联络。

为此，家里争吵不断。有的时候妈妈脾气上来了，就把亮亮的手机强行收走了，但是过不了一两天，孩子一软磨硬泡，又还给了他。这个问题一直持续了很久都没办法解决。

下面是爸爸妈妈和亮亮通过谈判解决用手机的问题的过程。

⑴评估阶段

① 问题的严重性。孩子“用手机问题”的严重性主要由家长来评估，家长根据了解到的情况来判断，在1~10分之间选择一个分数。判断的依据有：持续用手机的时间；实际产生的影响（对学习成绩、作息时间、精神状态、身体状况等方面的影响）；如果问题持续下去可能产生的影响；对家庭成员的情绪和关系的影响；等等。

爸爸妈妈给亮亮“用手机问题”打的分数都是9分。

② 改变的难度。这也是一个主观的评分，在1~10分之间选择一个分数。评估的依据包括：亮亮使用手机的客观需要（老师留的作业需要用手机做）；亮亮玩手机游戏的意愿；不让他玩的后果；等等。

爸爸打的分数是7分，妈妈给的分数是9分。

爸爸打的分数比妈妈少。他的理由是，虽然孩子总是说需要用手机学习，但是有那么几次，爸爸没收了他的手机一两天，也没有看到对他学习造成影响，也就是说，孩子一两天不用手机也是可行的。

③ 问题的责任。这也是一个主观评分，在1~10分之间选择一个分数。与上面的打分不同的是，在这个环节爸爸妈妈不仅要给孩子打分，还要给自己以及自己的配偶打分。

爸爸打的分数是：亮亮8分，自己5分，妈妈8分。

妈妈打的分数是：亮亮9分，自己6分，爸爸6分。

爸爸认为妈妈不够坚决，而妈妈认为爸爸没有帮着她说话。

④ 谈判的筹码和资源。

孩子的筹码：

a. 写作业；

b. 需要用社交软件联系同学；

c. 以前禁止用手机时，自己的反应对爸爸妈妈产生了影响。

家长的筹码：

a. 孩子的哪些需求或者要求是自己可以满足的；

b. 如果孩子自觉控制使用手机的时间，自己可以给什么奖励；

c. 如果孩子做不到，自己能够采取的惩罚手段。

在考虑惩罚手段的时候，最主要的是在“用手机”这件事情上去制定惩罚措施，比如暂时没收手机、减少用手机的时间。因为孩子目前最在乎的、最想要的就是手机，这比其他任何惩罚都更有效果。

⑤ 初步评估行为目标。这个行为目标就是家长期待孩子怎样做。确定这个目标的依据是家长对问题严重性和改变难度的打分。

爸爸妈妈都认为这个问题已经到了非常严重的程度（18分），非得控制亮亮玩手机的时间不可了，亮亮用手机的时间不能太长。但是亮亮改变的难度很大（16分），所以爸爸妈妈需要对目标设置一个较长的时间跨度，而且一开始不能对亮亮控制得特别严格。

爸爸妈妈决定，控制亮亮每天使用手机的时长，至于他用手机做什么，可以由他自己控制。除了用手机做作业的时间，还可以给他一些玩游戏的时间。至于用社交软件联系同学，这个不需要随时保持联系，可以在规定的用手机的时间内再去联系。

那么究竟多长的时间才是合理的？爸爸妈妈询问了亮亮班里一些同学的家长，了解了他们每天都给孩子用多长时间的手机。最后爸爸妈妈认为每天用一个小时是一个比较合理的目标。

⑵ 决策阶段

爸爸妈妈对问题做了评估之后，就找了一个时间跟亮亮来谈。

① 确定行为目标。首先，爸爸妈妈让亮亮先说说他希望每天用手机的时间有多长，并且说明原因。亮亮说自己需要查资料、写作业、和同学们交流，所以每天要用两个小时。

爸爸妈妈说，如果能做到每天只用一个小时的手机，坚持两周，那么亮亮就可以提出三个要求，由他们选择其中的一个作为奖励。亮亮很不情愿。

爸爸妈妈继续说，如果亮亮能坚持一个月，就可以再提出三个要求，由他们选择其中的一个作为奖励。如果能坚持三个月，就能得到额外的第三个奖励。由于改变的难度大，爸爸妈妈用了很大的筹码。亮亮还是不愿意。

这个时候，爸爸妈妈开始跟孩子讨论每天用手机到底要做什么，一个小时到底能不能满足他的需求。爸爸妈妈发现，亮亮确实需要用手机完成一些作业，可是做完了那些就没有多少时间玩了，亮亮就是想多玩一会儿。

爸爸妈妈跟孩子这样解释：用手机的时间可以是灵活的，比如，每天一小时，今天你只用了30分钟，那你就可以把剩下的30分钟存起来，明天再用。你要是每天存30分钟，那周末就可以用两个多小时了。亮亮说："每天一个半小时能接受。"

爸爸妈妈认为，这个时间自己也是能接受的，可以跟孩子达成一致了。于是他们同意了这个时间，但是接着就向孩子提了一个条件：亮亮每天要主动计时，每次开始用手机的时候和结束用手机的时候都要跟妈妈说（爸爸妈妈已经分了工）。亮亮同意了。

爸爸妈妈继续提要求：如果发现亮亮用手机超时了，那第二天就要扣掉双倍的时间，比如今天超过了10分钟，那第二天就要扣掉20分钟。如果哪天没跟爸爸妈妈说就自己用手机，那就要扣掉一个半小时。亮亮也同意了。

到这里，一个行为目标就谈成了。

需要说明的是：由于手机对孩子的诱惑实在太大了，别的东西似乎对孩子没有更大的吸引力。当孩子提出希望增加一些用手机的时间时，爸爸妈妈抓住这个机会跟孩子协商。实际上，这是用多出来的手机时间作为对孩子的激励，鼓励“自己控制好自己的时间”这个行为。而且这也是一个提要求的机会，爸爸妈妈及时跟孩子提出了用手机的规则。

② 确定具体的行为计划。当爸爸妈妈和亮亮谈好了行为目标后，其实具体的行为计划也就有了。

③ 制定奖励和惩罚措施。奖励：爸爸妈妈虽然对用手机时间做出了妥协，他们决定依然采取既定的奖励。

通过跟亮亮协商，制定的奖励是：坚持两周奖励一张正版音乐碟；坚持一个月奖励一双运动鞋；坚持三个月奖励一次看演唱会的机会。

需要说明的是：如果孩子对家长提出在执行的过程中奖励“更多的用手机时间”，这个要求是不能答应的。

惩罚：如果用其他方式来惩罚孩子，他通常是不在乎的，他宁肯接受惩罚也要换来手机使用时间，所以针对手机使用时间本身去谈条件，才能让他更好地遵守规则。

④ 制定谈判协议。爸爸妈妈和亮亮约定，第一次的行动计划先持续一个月，一个月以后再来决定是继续坚持下去还是重新谈判。

把上面谈好的约定、具体的奖励和惩罚措施都写在一张纸上，每个人都签上字，写上日期。

⑶ 执行阶段

① 亮亮从以前一拿起手机就不愿意放下转变成每天控制时间，这

个目标不是那么容易完成的，一开始难免犯错误。在刚开始的两周，只要他每周被惩罚不超过两次，那就算是成功了。基于这个原则，爸爸妈妈在两周过后奖励了亮亮他想要的音乐碟。

② 爸爸妈妈情绪比以前更加稳定。亮亮在刚开始还是缠着妈妈软磨硬泡想多玩一会儿手机，但是妈妈每次都会拿出谈判协议，拒绝亮亮的要求。

③ 有一次，亮亮考试考了全班第一名，按照以前的做法，妈妈会奖励亮亮玩半天的手机。现在妈妈没有再奖励“手机时间”，而是带亮亮去吃了一顿大餐。

④ 亮亮有了自己用手机的专属时间，可以大大方方地用手机写作业、听歌甚至玩游戏，不用再防着家长，偷偷摸摸地玩手机。

⑤ 当亮亮坚持了一个月的时候，妈妈兑现了给亮亮买运动鞋的奖励；三个月之后，妈妈给亮亮买了演唱会的门票。

对执行阶段的特别说明：有些家长会问，如果孩子周一到周五积攒了大量的时间，到周末玩上一整天怎么办？

如果亮亮的爸爸妈妈没有和他具体谈过这个问题，没有写在谈判协议上，那么爸爸妈妈就要同意孩子这样的做法。哪怕他们不满意，也要坚持到一个月以后这一阶段的行动计划结束了，再跟孩子重新谈判。

有的时候，即使家长在评估阶段已经考虑得很周全，执行阶段还是会出现一些家长没有预料到的情况，家长要尽量坚持把谈判协议执行下去。有时候孩子是在故意测试家长是不是守规则，家长要做的就是保持心态平和，只要孩子没有违反协议，就不理他。孩子通常会很快调整自己的行为。如果孩子不断地去挑战家长的底线，那就不是一个简单的行为问题了，而是属于关系问题，要按照关系问题的步骤去谈判。

2. 抽烟的小华

李先生的儿子小华今年 15 岁了，正在上初三。李先生和妻子最近发现小华抽烟。最开始妈妈发现洗手间里有烟味，还以为是小华爸爸在洗手间抽烟，后来妈妈又在阳台角落的花盆里发现烟蒂，拉着小华爸爸去认领花盆里的烟头，爸爸说不是他抽的。直到有一天妈妈下班回来，看到小华在阳台上抽烟，这下真相才浮出水面。而小华一看到妈妈回来，就赶快躲到了自己的房间里。妈妈明白了，花盆里的烟蒂一定是小华抽完后来不及扔掉藏在那里的。看样子，小华抽烟已经有很长一段时间了。妈妈对此非常不满，因为小华爸爸喜欢抽烟，为了避免儿子跟爸爸学，夫妻俩一直跟儿子讲，小孩子不能抽烟，儿子竟然完全没把他们的话放在心里。

在妈妈眼里，儿子一直是个很听话的孩子。她很难想象儿子吸烟的那个样子。在她的印象里，吸烟的孩子一定不是什么好孩子。妈妈越想越气，儿子才 15 岁，实在想不通他为什么要抽烟，唯一的解释就是受到了爸爸的影响。小华的爸爸有几十年的烟龄，虽然主要是在外面抽，在家里抽得不多，但毕竟也经常被孩子看到。想到这里，妈妈就很生爸爸的气。

夫妻两人开始商量怎么制止儿子的这种坏习惯。他们开始很严肃地跟儿子讲抽烟的坏处，告诫他以后绝对不能再抽了。小华答应了不再抽烟，可是没过几天，夫妻俩就发现孩子仍然在背着他们抽烟。妈妈感到越来越愤怒，都是爸爸不作为，因为他自己有烟瘾，所以没有说服力。她开始越来越多地埋怨小华爸爸，但是爸爸也很无奈，这么大的孩子，说他不听，打他骂他管用吗？

抽烟是很多青春期少年容易出现的问题，有的孩子是出于好奇尝试一下，却试着试着就形成了习惯。他们抽烟常常是受到身边的成年人、同学或朋友的影响。有的孩子是为了应对压力、缓解焦虑的情绪，也有的只是为了在别人面前装酷。对于小华来说，一个人在家里反复地抽烟，更多的是压力的原因。

妈妈埋怨爸爸是没有用的。妈妈埋怨爸爸抽烟，给孩子造成的印象是：由于爸爸也抽烟，他来管我是理亏的。其实，不管是《中华人民共和国未成年人保护法》，还是学校的规章制度，都规定了未成年人不准吸烟。妈妈在管教孩子的时候要把小华抽烟这件事和爸爸抽烟区分开，不要总是扯上爸爸。而爸爸在管教儿子的时候，也可以暂时地把自己抽烟和儿子抽烟的事情分开来处理。

李先生和妻子决定用谈判的方法来处理儿子抽烟的问题。

谈判前的准备

① 妈妈和爸爸达成一致，妈妈不再抱怨爸爸抽烟的事情，两人先解决孩子抽烟的问题。

② 爸爸妈妈跟小华约定好一个会谈的时间。

谈判的过程

(1) 评估阶段

① 对问题的分析。爸爸妈妈针对孩子抽烟的问题了解尽可能多的情况：小华每天都在什么时间、什么地方抽？每天抽多少支？为什么抽烟，以及在什么情况下想抽烟？

经过爸爸妈妈的了解，小华抽烟已经有两个多月的时间了。平均每天五六支。刚开始觉得好玩，有几个同学抽，自己也跟着抽，慢慢就喜欢上了抽烟的感觉。抽烟的时候感觉自己像个大人，挺刺激的。

小华说在学校不敢抽烟，通常是在从学校回家的路上抽，有时候在家里也偷偷抽，于是就被爸爸妈妈发现了。

小华说，有时候有些烦心的事情，就想抽支烟，这样可以像个大人那样去思考问题，感觉压力会小一些。

② 问题的严重性。爸爸给出的分数是8分，妈妈给出的分数是10分。

③ 改变的难度。爸爸给出的分数是7分，妈妈给出的分数是5分。

④ 各自的责任。爸爸的打分：小华8分，自己6分，妈妈3分。妈妈的打分：小华6分，自己2分，爸爸9分。

⑤ 谈判的筹码和资源。

孩子的筹码：

a. 小华抽烟的各种借口和理由。

b. 爸爸也抽烟。

c. 小华本身有与他年龄相符的自控能力和理性的思考能力（爸爸妈妈要做的是帮助他把这些能力发挥出来）。

家长的筹码：

a. 妈妈认为，母子之间的关系还不错，孩子平时还是听自己的话的，应该愿意和自己沟通。

b. 针对“缓解压力”的抽烟理由，可以用替代品去缓解压力。妈妈了解到孩子喜欢音乐，也喜欢正版音乐碟。这是一个好的替代品。

c. 针对“像个大人”的感觉，可以通过不同方式让孩子体会像个大人的感觉。家里以前完全是爸爸妈妈安排的事情也许可以分给孩子一些，让孩子来尝试。

d. 如果小华改不掉这个毛病，现在爸爸妈妈最容易做的就是控制小华的零花钱。

经过评估，小华每天抽五六支烟还是比较严重的，让他一下子戒掉有难度，爸爸在改变的难度上打分比妈妈高，就是因为他自己有经验。

爸爸妈妈了解到，让孩子戒烟要分步来进行。他们初步制订的行为目标是：让小华先做到在家里不抽烟（或者先做到在外面不抽烟），然后再做到在所有地方都不抽烟。

⑵ 决策阶段

爸爸妈妈和小华谈成了以下条件：

① 小华通常抽烟的地方只有两个，放学路上和家里。爸爸妈妈要求小华选择一个地方，先做到在这个地方不抽烟，然后再做到在其他地方也不抽烟。小华选择了在家里。

② 如果在一个月内经过检查和确认，小华没有在家里抽过烟，爸爸妈妈就把每个月的零花钱增加100元，由小华自己支配。

③ 如果在一个月内小华没有做到在家里不抽烟，就要扣掉接下来一个月的零花钱，并且把原来玩游戏的时间减半。

④ 如果一个月内在家里没有抽烟，可是一个月后复发了，怎么办？那就要扣掉接下来一个月的零花钱，并且禁止玩游戏一个月时间。

⑤ 如果小华坚持三个月在家里不抽烟，爸爸妈妈就给他买一把吉他。

⑥ 爸爸在家里也不能抽烟。

⑦ 小华由爸爸来监督，爸爸由妈妈来监督。

(3) 执行阶段

在三个月的时间里，小华坚持做到了在家里没有抽烟。他也得到了一把吉他作为奖励。

因此，下一次谈判的行为目标将是让小华做到在所有地方都不抽烟。

对于很多成长中的青少年来说，吸烟往往是出于好奇或者好玩，如果家长不及时干预的话，孩子很容易吸烟上瘾，而一旦上了瘾就很难戒掉。在小华的案例中，为什么爸爸妈妈要小华首先选择在一个地方不抽烟？如果小华选择了在外面不抽烟而在家里抽烟怎么办？

之所以给孩子选择，是因为孩子已经吸烟两个月了，一下子完全不吸烟很难做到。先做到在一个地方不抽烟，是完全戒掉抽烟的一个步骤，对于孩子来说更有可行性。在谈判的这个阶段，家长的主要目的是培养孩子自我控制的能力，当孩子能够做到在一个地方不抽烟的时候，他也就更容易做到在其他的地方不抽烟。

如果小华选择了首先做到在外面不抽烟（这种可能性很小），那家长就要花更多的心思去核实（比如每天小华放学回来后要检查一下他身上有没有烟味），谈判的目的仍然是让小华学会自我管理，最终做到在家里也不抽烟。

小华最终实现了行为目标，有这样一些起作用的因素：

他平时比较听妈妈的话；

奖励的吸引力足够大，惩罚措施也比较严厉；

爸爸也不抽烟，表达了他的支持；

最重要的是，小华认识到，一个人长大成熟的行为表现有很多，不一定非得抽烟。安排好自己的事情，自己对自己负责，才是“像个大人”的表现。

第十一章

关系问题案例

★★★★★

本章提供了五个关系问题的案例。其中，第一个案例讨论的是由孩子玩游戏问题引起的家庭矛盾；第二个案例是关于青春期孩子的叛逆问题；第三个案例讨论了孩子的情绪问题和家长有什么关系；第四个案例讨论了父母因为生二胎而跟孩子谈判的问题（父母生二胎的问题是亲子谈判中的一个特例，其独特之处在于要不要生二胎是父母的事情，而不是孩子的事情）；第五个案例通过孩子要不要继续练琴的谈判呈现了家庭关系对行为和行为模式的重要影响。这五个案例都经过了改写，使用了化名并做了隐私保护处理，属于比较理性的谈判，目的是让读者对关系问题谈判的步骤和原则有更清晰的认识。

1. 和爸爸闹别扭的小胖

艾先生和陈女士结婚 14 年了，儿子小胖今年 13 岁，正在上初中二年级。因为儿子总是玩游戏，夫妻俩为这事不知道跟他吵了多少次。夫妻俩感到孩子越来越不听话了，和他们的交流也越来越少了，只要一有时间就躲在自己房间里打游戏。最近父子之间的矛盾升级，爸爸催小胖去写作业，催了几遍，小胖还是在玩游戏，没有动，爸爸的脾气终于爆发了，动手打了小胖，造成小胖的脸上有一些瘀痕。而小胖因为脸上的伤不愿意去上学和见同学，觉得丢人，甚至说出“活着没意思”的话来。

用妈妈的话来说，小胖不属于那种让人不省心的孩子。比起那些整天在学校闯祸的孩子，小胖已经很让家长省心了。他性格比较内向，不爱交际，很少出去乱跑，总是一放学就回来待在家里，没事就在家里玩玩游戏，只是最近玩游戏的瘾越来越大了。进入初二，功课越来越多，他总是拖着不写作业，到了晚上很晚的时候才开始写，早上起床的时候不够精神，一到周末就整天沉溺在游戏里。刚开始说他还有点儿用，但是后来就全被当耳旁风了，总是要一遍又一遍地催。妈妈说：“我催他的时候我也很烦的，你以为我喜欢去催他吗？”妈妈认为，爸爸应该多管管小胖，因为爸爸平时更严肃一些，说孩子应该管点用，但爸爸的脾气有点儿暴躁，孩子不听的话会动手，所以小胖平常就有点儿怕他。妈妈希望爸爸多管教小胖，但爸爸打小胖的时候没个轻重，她又心疼小胖，怕把小胖打坏了。

爸爸是全家挣钱养家的支柱，每天大部分时间忙于工作。他是个性格外向的人，朋友很多，也很爱面子。爸爸认为，自己主外，而妻子主内，小胖从小主要由妈妈来照顾、辅导功课。小胖也很黏妈妈，平时都不怎么和自己说话，有时候爱理不理的，非常没礼貌。现在妻子向自己抱怨，说他什么都不管，要求他去教育小胖，他也做到了。但平日里小胖就是个慢性子，怎么说都不管用，有时候只能上去打两下。这次小胖犟嘴犟得厉害，说话太气人，太不尊重自己，所以自己真的是被惹火了，下手才重了，而且小胖说了粗话，还应该跟自己道歉。

然而小胖一直没有道歉。他觉得，自己平时除了玩游戏，没有别的什么事情好做。每天的作业对自己来说并不难，总是花很少的时间就做完了。他承认自己有时候玩游戏是玩过了头，但是从来没有因为玩游戏而没写作业。再说也不是只有他一个人在玩，学校里的同学都玩。爸爸平时不怎么搭理自己，而妈妈实在是太啰唆了。他们有时候不讲道理，所以跟他们越来越难以沟通了。尤其是爸爸，从来不允许自己反驳他，总是威胁自己，有时候说不上几句话就打人。小胖的情绪变得越来越低落，甚至觉得生活都没有什么意义了。

我们问了这个家庭几个关于关系的问题，请小胖、妈妈和爸爸分别来回答。

第一个问题是："你觉得家里面的氛围怎么样？"

小胖："家里太沉闷了。"

妈妈："日常生活都很有条理的，就是最近我们争吵得比较多。"

爸爸："家里面没有什么氛围，应该都是这个样子吧。我们结婚很多年，老夫老妻了。我平时不太在家。孩子嘛，主要的任务就是学习，在家里主要也是学习，还要懂礼貌、有修养。"

第二个问题是："你们平时有大家一起参与的娱乐活动吗？"

小胖："有时候我和妈妈一起看电视，有时候妈妈也会带我去看电影，去游乐场，放假了妈妈还带我去旅游。"

妈妈："平时我和孩子在一起的时间比较多，他爸爸没时间，所以主要是我带孩子去玩。"

爸爸："以前很多的，最近就少了。因为我在家的时间不是很多，平时都是让他妈妈带他玩。我想让他妈妈带他去旅游，多去外面看看，不要总是待在家里，但是这个还在计划中，等他放假了再说。"

第三个问题是："你觉得谁对家庭的贡献最大？"

小胖："肯定不是我，我还在上学，又不能挣钱。"

妈妈："他爸爸。他挺辛苦的，很多应酬，所以有时候我也理解他。"

爸爸："这个要看是哪方面的贡献吧。如果说赚钱养家，那是我。他妈妈也挺辛苦的，孩子从生下来就一直是她照顾。家里面的事情都是她做，还给孩子辅导功课。孩子也有贡献的，要不然要个孩子干吗呢……他小的时候就特别可爱，特别乖。"

这是一种常见的家庭冲突：因为孩子不听话，所以家长打孩子。这个家庭之所以求助咨询师，是因为他们的冲突过于激烈了，造成了孩子情绪低落不愿上学的问题。从三个人的陈述以及对三个问题的回答来看，这是一个正常的家庭，但是存在一些看起来很矛盾的地方：一方面吵吵闹闹不断，一方面孩子又感觉沉闷；爸爸是个外向的人，而儿子却不爱交际；妈妈想让爸爸管教孩子，但是又不放心；爸爸说孩子不搭理他，但是孩子说是爸爸不搭理自己。尽管从爸爸妈妈的说话方式中看得出来他们都有良好的教养，应该是善于沟通的人，但是在家庭内部他们有效的沟通实在太少了。

从表面上来看，在家庭里，每个人都有一个角色，每个人扮演好了自己的角色，家庭就可以正常地运转：爸爸养家，妈妈做饭收拾家务，孩子呢，就做个好学生。正如有的家长经常对孩子说："你什么都不用管，把学习搞好了就行了。"但是，这种角色的定位是有偏差的，它忽略了角色的互补性，忽略了角色之间的相互影响，这个时候家庭关系就会受到影响，家庭的氛围就会显得压抑。我们了解了这一家人的基本情况，对孩子的情绪状况进行了评估，发现孩子并不存在严重的抑郁情绪，于是建议他们用亲子谈判的方法去解决目前的问题。

(1) 评估阶段

① 初步评估家庭关系。在这个案例中，每个人对家庭氛围的直观感受是不同的。孩子的感受是“沉闷”，因为作为一个学生，他能够选择的活动实在是不多，也许他喜欢旅游，喜欢一家人一起去看电影，想和爸爸一起去，但是显然家人不是很配合。内向的他可能不善于表达，也不知道怎么去和爸爸沟通，他的行为表现是因为不满情绪而产生的对抗：因为你疏远我，所以我也要疏远你。而爸爸并不这么认为：我忽视了你是没办法，是为了工作，而你不理我就是对我的不礼貌、不尊重。再说了，不是还有你妈妈照顾你吗？生活上并没有亏欠你任何东西啊！对于妈妈来说，她确实已经尽了全力完成她的职责，把家里照顾得很好。丈夫对她来说，只是一个帮她管教孩子的工具。由于对丈夫管教孩子不信任，她认为教育孩子主要还是自己的责任。我们可以看到，艾先生忽视了情感的交流，他和妻子的情感交流暂且不知，至少他忽视了与孩子的情感交流。

② 制定谈判规则（建立谈判关系）。由于爸爸和孩子的关系已经闹僵了，为了让一家人坐下来谈判，他们首先要建立谈判的关系。

他们制定了这样的谈判规则：

a. 每个人都必须发表意见，提出意见的数量必须是相等的；会谈中讲话的顺序是：小胖、妈妈、爸爸；

b. 爸爸在谈判期间任何时候都不能动手打人，不能打断别人说话；

c. 会谈中达成的协议、做出的承诺事后必须要做到。

这三条规则虽然简单，却比较有效地平衡了三个人之间的关系。本来没有发言权的孩子（没有发言权是因为对家庭没有“贡献”）在谈判中有了和家长一样的地位。内向的小胖获得了一个充分表达自己观点的机会。强势的爸爸需要控制好自己的情绪和行为，减少和小胖情绪上的冲突。每一个家庭成员需要保持行为的一致性，如果在谈判的时候说了自己要怎么做，那就一定要做到，这对每个人来说都会是公平的。有了这三条规则作为保障，谈判就可以开始了。

③ 提出问题。在这个案例中，父子间的冲突、孩子的情绪低落、孩子玩游戏的问题，以及妈妈的唠叨问题，都可以成为谈判的切入点。最后经过一家人的讨论，大家决定从玩游戏这件事入手。家长认为，玩游戏的问题是冲突的起因，是一个长期存在的问题，也是一个为了孩子好而需要解决的现实问题。小胖也同意就这个问题来和家长谈判。

对问题的描述是：最近几个月来，小胖每天玩游戏的时间比较多，妈妈想让他停止的时候，他也停不下来。爸爸说他，他也不听。

④ 问题的严重性。三个人分别对这个问题进行打分。仅打分，而不用讨论或者争辩。

小胖的打分：5分。

妈妈的打分：10分。

爸爸的打分：6分。

⑤ 改变的难度。三个人分别对这个问题进行打分。仅打分，而不用讨论或者争辩。

小胖的打分：8分。

妈妈的打分：10分。

爸爸的打分：7分。

⑥ 问题的性质。家庭成员对问题的性质进行讨论：这个问题对谁造成的影响最大？带来什么样的结果？给家庭关系造成了什么影响？

小胖："对全家人都有影响。我玩一会儿游戏妈妈就唠叨，我感到很烦，不想听她的，她就很生气。爸爸说我的时候，我觉得他不关心我，所以我也不用听他的。结果就是我跟爸爸现在都不再说话了，爸爸妈妈的关系也很紧张。"

妈妈："我最担心的是影响孩子的学习。这样下去，最终受到伤害的是孩子自己。我感到很失望，也很烦躁、很生气，生孩子的气，也生他爸爸的气。孩子现在也很委屈。三个人的关系现在因为这件事情很别扭。"

爸爸："对我们每个人都有影响，对孩子的影响最大。我们每个人的情绪都不好，不能好好地沟通，现在关系很僵。"

从每个人的表达中可以看出来，这个问题带来的结果是每个人的情绪都不好。受害的主要是家庭关系。

⑦ 每个人的责任。每个家庭成员对这个问题有多大的责任？三个人分别给自己和其他人打分。

小胖的打分：小胖6分，妈妈9分，爸爸9分。

妈妈的打分：小胖8分，妈妈5分，爸爸8分。

爸爸的打分：小胖6分，妈妈6分，爸爸6分。

⑵ 决策阶段

① 确定行为目标。由于三个人都认识到问题行为影响最严重的其实是关系，影响了每一个人。接下来，三个人讨论的是，为了缓和紧张的关系，各自分别都能做些什么，以及期待其他人做些什么，才能解决“小胖玩游戏太多”这个问题。

小胖：

自己可以做到的：减少玩游戏的时间。

期待的是：爸爸妈妈的关心，尤其是爸爸能多花一些时间陪自己。自由支配自己的时间，既有学习又有娱乐。更多的去外面玩耍的机会。

妈妈：

自己可以做到的：不再为孩子玩游戏的事情烦躁。

期待的是：孩子学习好，孩子听话，家庭和睦。自己受到家人的尊重和肯定。小胖爸爸更加配合自己，花更多时间陪伴家人。

爸爸：

自己可以做到的：花更多时间陪伴孩子。

期待的是：家庭和睦，孩子学习好、听话、尊重父母。

② 确定行为目标和制订行动计划。针对前面的讨论，三个人都要提出具体、可行、可量化的行为目标。

小胖：

每天玩游戏不超过一个小时。可以向爸爸正式道歉。

要求妈妈在自己的游戏时间不再啰唆，如果在游戏时间之外发现自己又在玩游戏，可以批评。

妈妈：

给小胖固定的游戏时间，每天一小时，在玩游戏期间绝不干涉。如果在其他时间玩游戏，还是要管。也不再跟爸爸抱怨小胖玩游戏的事情。

要求小胖必须保证这个学期的成绩不能退步，否则就要剥夺游戏时间。

要求爸爸每个星期帮小胖检查3次作业。

爸爸：

如果小胖能坚持一个月每天玩游戏不超过一小时，就带小胖去旅游。在这一个月内也不干涉孩子在规定时间内玩游戏。同意每周帮小胖检查3次作业。

要求小胖道歉。

要求妈妈不要再向自己抱怨。

③ 达成谈判协议。三个人把谈好的条件写下来，签名。

⑶ 行动阶段

① 爸爸和小胖的互动增多了，当小胖把更多的时间放在同样有价值的事情上时，他玩游戏的时间自然会减少。

② 小胖玩游戏的时间减少了，妈妈不用再啰唆，也不再埋怨爸爸。

③ 妈妈不再埋怨爸爸，爸爸愿意花更多的时间照顾孩子。

三个月之后的评估：

夫妻俩认识到，自己平时对孩子的情绪关注不够，只是在孩子被打了，变得极度低落的时候他们才开始担心起来。现在，他们不仅关心孩子的生活和学习，还很关心孩子的情绪。

当孩子出现和平时不一样的行为时，需要及时去关注，让他表达自己的情绪。比如当孩子和父母吵架的时候，父母可以停下来，问一问他到底为什么这么愤怒。而不是你愤怒我更愤怒，我要用我的怒来压制住你的怒，让矛盾不断积累。

现在，关于小胖的事情，妈妈经常和爸爸一起商量，一起做决定。她意识到，要把一部分放在小胖身上的精力转移到爸爸身上。而爸爸也把更多的注意力放在家庭内部。"孩子从小就是由妈妈照顾的，所以就应该永远由妈妈一个人照顾下去"，这是一种认知误区，爸爸也有照顾孩子的责任，而且对于不断成熟的男孩来说，这种责任更加重要。

夫妇两人现在会花更多时间和孩子交流，而不是花更多的时间去唠叨。他们对孩子更有信心了，他们给孩子更多的时间和机会去安排自己的事情。管得太严、管得太多，并不能管出好孩子，只能管出被动、退缩和不自信的孩子。唠叨和催促表现了对孩子自我管理能力的不信任，也没有给孩子学习自我管理的机会。

有些时候，一些家长会有意识地“垄断”家庭里的某种职责，目的是确保自己在家庭里的某种地位。在这一点上，全职妈妈尤其容易过多地干预孩子的事情，因为她们认为那些都是她们的工作，如果干预得不够，似乎就代表工作没做到位。以前的妈妈就是这样的。现在，妈妈把属于爸爸的责任还给了爸爸，把属于小胖的责任还给了小胖。

小胖仍然玩游戏，有时候爸爸还陪他一起玩。有时候他真的忍不住，不想停下来，但是这是他自己讲定的时间、他自己做出的承诺。爸爸妈妈都已经很严格地兑现他们的诺言了，自己还有什么理由不去遵守协议呢？让孩子自己做选择和做决定，这对培养和强化他的正面行为有很大帮助。

案例总结：

当一个家庭显得过于沉闷的时候，其实代表了这个家庭的互动模式出了问题。家庭里就会出现一些事情打破平衡，家庭成员需要去解决这些问题，实现一种再平衡。孩子是不断成长的，家庭也一样。在孩子成长的每一个阶段，家长都要和孩子一起变化。

爸爸保证自己再也不动手打人了，妈妈说自己再也不唠叨了，孩子说自己会减少玩游戏的时间，这些听起来都是令人振奋的行为，但是，如果没有一个有效的家庭关系框架作为保证，这样的行为绝对不会持续太久，甚至只会昙花一现。这就是我们在生活中常常宣布我们要改变，但是又改变不了的原因：因为我们身处关系之中。

而亲子谈判从最初的临时性的谈判关系开始，让家庭成员慢慢地从原来的互动模式中跳出来，进入一种新的互动模式。由于亲子谈判往往需要就多方面的问题谈判并制订较长期的行动计划，执行时可以持续数周或者数月之久，这个较长的时间跨度为家庭关系的慢慢改变提供了可能性。随着谈判的进展，家庭成员往往从最初的谈判关系进入健康成长的家庭关系。而这种新的关系，就为家庭成员行为的持久性提供了保证。

2. 叛逆的许强

14 岁的许强上初中二年级，最近出现情绪不稳定的状况，无故发脾气、砸东西。这可急坏了家长，带他来咨询室咨询。

许强的爸爸是个项目经理，很爱学习，做事情也很讲究条理。爸爸说许强晚上写作业磨蹭，经常完不成作业，拖到很晚才睡觉，早上不想起床，也不吃早餐。小学时成绩不错，还愿意听爸爸讲题，上了初中以后，就开始对爸爸讲题非常反感了。

妈妈是做财务的，工作也很忙，晚上经常加班到 10 点半。她表示即使下班早，也不想那么快回到家中，因为不愿意看到爸爸和孩子为了作业的事情发生冲突，也不喜欢爸爸每天很死板的一套。以前爸爸管教孩子的功课，孩子能接受，但是现在孩子反抗得非常激烈，只要妈妈一回到家，就不做题了。为了许强的学习，夫妇俩也经常发生冲突，爸爸担心孩子学习不好考不上好高中，考不上好的大学，妈妈觉得学习要靠自觉，爸爸每天那么紧张地唠叨孩子，孩子不就越来越烦？

许强的爸爸平时在家里煮饭和做家务，妈妈不管这些。许强玩游戏妈妈也不管，孩子玩到很晚才睡，第二天起不了床，起来昏昏沉沉，上课打瞌睡，听不懂当天课程，恶性循环，成绩越来越差。爸爸说妈妈脾气强势、凶悍、不讲究、不学习，在这样的情况下带不好孩子。爸爸提出，如果继续这样下去，他要离婚，要放弃这个孩子，他受不了许强妈妈那种强悍的性格。

妈妈说爸爸话太多了，令人很烦躁。一天到晚都在说学习，满脸都是焦虑，比女人更像个怨妇，都不知道哪里来的那么多焦虑，说得好像孩子成绩不好就没脸活着似的。离婚就离婚，要不然孩子迟早被逼出大问题，家庭会发生更大的问题。

现在的许强身高快一米八，长得又高又壮。人长大了，脾气也大了，他非常反感爸爸每天追着自己布置任务，上课已经让自己很疲倦，额外的练习真是吃不消。冲突不断升级，他开始用脏话对爸爸发牢骚。他有时候近乎失控，会用手去狂砸玻璃窗，有一次发火，把一张木制的凳子砸得稀巴烂。最近一段时间以来，许强还出现几次拉肚子和呕吐的反应，去医院检查，身体方面又没有发现器质性的问题，医生认为有可能是压力过大、情绪焦虑引起的。

许强的爸爸妈妈既担心许强的身体，也担心他的成绩，因此经常吵架，谁都说服不了对方。

当我们在咨询室里听他们讲这些事情时，看得出他们那种愤怒和无奈。孩子的学习问题，到底是妈妈纵容的结果，还是爸爸唠叨的结果，爸爸妈妈各执一词。这个家庭里的互动模式是这样的：爸爸对儿子不满，妈妈对爸爸不满，儿子抵触爸爸，妈妈和儿子一起针对爸爸。但是不管爸爸妈妈和孩子有什么样的理由，不管他们是什么样的行为，目前来说，这个结果都是一家人不愿意看到的：孩子的身体、情绪和学习成绩都不好，夫妻关系紧张，家庭近乎崩溃。这个时候，家庭关系需要一些转机。

我们向许强的家庭介绍了亲子谈判的方法，并且表示会陪他们一起走过整个谈判的过程，但是在这个过程中，我们不会做过多的干预，只是作为一个陪伴者、观察者和协调者。一家人按照亲子谈判的方法和步骤进行谈判。

谈判的准备

许强的爸爸妈妈通过与我们的交流，已经了解了亲子谈判的基本概念和方法。他们愿意在我们的协助下通过亲子谈判来解决家庭的问题。首先要处理的是情绪问题。爸爸和妈妈都非常愤怒，而许强感到非常焦虑，一家人首先要做的是缓解情绪。方法是大家在家中减少正面冲突，都先各退一步：爸爸先不去唠叨许强，妈妈也先不去埋怨爸爸，而许强则好好地休息，让身体和情绪处于一个相对稳定的状态。

参与谈判的人员：许强和爸爸妈妈。

会谈地点：咨询室。

会谈的时间：许强的非上学时间，预留两个小时。

其他的约定：谈判准时开始，我们作为观察者和协调者，谈判的内容由爸爸进行录音保存。

谈判的过程

⑴ 评估阶段

① 明确谈判规则。大家制定了如下的谈判规则：每个人讲话不超过3分钟；抽签决定谁先发言（抽签结果：发言的顺序是爸爸、妈妈、许强）；谈问题而不是发泄情绪，不能人身攻击，不准说脏话；思考问题而不去反驳和否定别人。全家人都表示同意遵守这些规则。

② 提出问题。从哪个问题开始讨论呢？一家人决定用打分的方法。每人提三个问题，按照重要性排序，第一个问题50分，第二个30分，第三个20分。这三个问题哪个在前哪个在后很重要，需要每个人好好思考。因为前后的顺序反映了一个人解决这三个问题的迫切程度。

爸爸提的三个问题是：许强学习不自觉（50分）；妈妈对许强很纵容（30分）；许强喜欢玩游戏，生活作息不规律（20分）。

妈妈提的三个问题是：许强不吃早餐（50分）；爸爸太唠叨（30分）；许强写作业不认真（20分）。

许强提的三个问题是：爸爸太唠叨（50分）；爸爸妈妈总是吵架（30

分）；作业太多，没时间放松（20分）。

经过统计，得分最高的是爸爸的唠叨问题，第二是许强的学习问题，第三是许强的身体问题。大家约定，这一次谈爸爸唠叨的问题，下次谈许强的学习问题，第三次谈许强的身体问题。

咨询师的观察：爸爸的唠叨问题分值最高，显然是家里矛盾的焦点，但这并不奇怪，因为孩子和妈妈已经结盟对抗爸爸。需要指出的是，在提出问题的时候，问题落在谁的身上，并不代表这个人最理亏、责任最大。妈妈和爸爸冲突很大，却也有共同点的：他们都关心许强的作业问题。许强虽然和妈妈结盟，但是也有矛盾：许强很反感爸爸妈妈吵架。在提出问题的时候，每个家庭成员都不必担心自己的问题没有被选中，随着谈判的进展，每个人关心的问题都会慢慢地浮出水面。

③ 评估问题的性质。我们建议许强一家人对照《亲子谈判家长手册》，进行思考和讨论。

a. 对问题的描述。每一个家庭成员对问题进行尽可能详细和具体的描述，描述要使用中立的语言，避免评价和判断。

“这个问题已经发生多长时间了？频率是怎样的？”

“这个问题通常是在哪里发生的？在什么情况下会出现？”

“这个问题对谁造成了影响？对谁的影响最大？”

每一个家庭成员把这些问题的答案写下来，汇总记录在一张纸上，在讨论的过程中避免互相否认。

许强一家人对问题的描述是：爸爸已经有一年多的时间每天都唠叨，尤其是在许强放学回家以后，在客厅里和许强的卧室里。这个问题对妈妈和许强都造成了影响，对许强影响最大，造成他情绪不稳定，不能集中注意力专心学习。

b. 问题的严重性。每一个家庭成员用1~10分来给“爸爸唠叨”这个问题的严重性打分。

爸爸的打分：5分。

妈妈的打分：9分。

许强的打分：10分。

c. 改变的难度。每一个家庭成员用1~10分来评估爸爸从唠叨变得不唠叨的难度。

爸爸的打分：4分。

妈妈的打分：7分。

许强的打分：7分。

d. 谈论问题的性质。

爸爸：承认自己的唠叨是有问题的。唠叨确实会给孩子造成压力。唠叨的效果真的不大，没有帮助孩子提高学习成绩。

妈妈：爸爸的唠叨影响孩子的情绪，给孩子造成很大的压力，又不能提高学习成绩。唠叨也影响自己的情绪，因为这件事情夫妻两人吵架，确实也影响了孩子。

许强：爸爸唠叨让自己很烦，反而不能集中注意力去学习。

咨询师的观察：确定问题性质的过程，主要是为了让家庭成员交换看法，但是这个步骤很容易变成某些家庭成员为自己的行为辩护和辩解的过程。家庭成员要重点讨论某种行为的后果，而不是为自己辩解。谈判的组织者（可以是某一个家长自己）一定要提醒大家遵守谈判的规则，避免让谈判变成批斗会。那个认领问题的人此时一定要顶住压力，不要急于为自己辩护，因为后面马上就是反击的机会。

④ 确定每个人的责任。家庭成员针对“爸爸唠叨”这个问题，用1~10分来对每一个人（包括自己）的责任打分。

爸爸的评分：爸爸5分，妈妈8分，许强9分。

妈妈的评分：爸爸7分，妈妈3分，许强6分。

许强的评分：爸爸8分，妈妈3分，许强3分。

咨询师的观察：在这个步骤里，家庭成员要做的事情不多，但这是亲子谈判中非常重要的一个步骤。家庭成员给责任打分的时候要经过充分的思考，不能随意给一个分数。大家只是打分，不去辩驳，不去争论。当大家互相参考各自打出的分数的时候，就会了解别人对自己行为的看法。

⑵ 决策阶段

① 确定方向和行为目标。在讨论了问题的性质和每个人的责任以后，家庭成员一起来确定解决这个问题的方向和目标。目标要具体明确，尽量能够量化。

经过讨论，许强一家人确定的解决“爸爸唠叨”这个问题的行为目标是：爸爸每天督促许强学习时不能超过三句话。

全家人对这个目标表示赞同。

② 谈条件。为了实现这个目标，爸爸能够做些什么，妈妈能够做些什么，许强又能够做些什么？

在这个步骤，作为问题的认领者，爸爸可以主动地提条件，妈妈和许强也可以给出自己的承诺。

爸爸：承认自己对孩子的教育方法不对，答应妈妈和许强的条件，也就是每天督促许强学习时不超过三句话。但是要求许强每天按时做两个小时功课，妈妈要去监督这件事情。

妈妈：为了配合爸爸实现行为目标，自己愿意当一个监督人。

许强：自己可以做一个半小时功课。不同意妈妈监督，希望妈妈每天尽量早点回家帮助爸爸做家务，这可以起到转移爸爸注意力的效果。希望爸爸妈妈不要总是在家里吵架，提供一个安静的学习环境。

咨询师的观察：这是亲子谈判中最困难的一个步骤。评估阶段问题的认领者得到了反击的机会，由于家庭成员始终使用理性的讨论方式，用谈条件的方式来表明：这是我的问题，但是问题的解决需要你的配合，避免了相互攻击和指责。在这一步，家庭成员之间也许会反复讨价还价，也许会修改解决问题的方向和目标，但是大家都要认识到，既然谈判都已经谈到了这一步，大家必须珍惜这个机会，互相做出一些妥协，达成协议。

不用刻意地去寻找，在谈判中，总会有一些人意识到他们不得不做出行为的改变。在许强的家庭中，妈妈会意识到，为了许强的学习，她不得不改善和爸爸的关系。哪怕她口头上可能不承认，但是基于孩子的需求和目前行为的实际价值（效果），她不得不做出妥协。

③ 制订行动计划。在谈好了条件之后，家庭成员要把各自的行动计划写下来，还要规定好做不到的话有什么样的惩罚。许强一家人制订了如下的行动计划。

爸爸：每天督促许强学习不超过两次，每次不超过三句话。如有一次违反，就要在许强在家的时候去外面“自由活动”三个小时。

妈妈：每天比以前至少提前半个小时回家，监督爸爸不去唠叨许强，同时也去核实许强的学习时间。不去监视许强写作业。

许强：每天放学后在家里做一个半小时的功课。如果能够坚持一个月，就能获得一双篮球鞋作为奖励。

爸爸、妈妈、许强分别签名。

咨询师的观察：行动计划不是一个人的计划，而要求每个人同时行动。正因为如此，家庭成员从提出一个问题着手，不管是谁的问题，通过一步一步的推进，最终总是指向解决大家的问题。

⑶ 行动阶段

爸爸：

这个行动计划持续了一个月。爸爸顺利地完成了自己的行为目标。这是因为爸爸在一开始抽签抽到自己的问题时，心里是不平衡的。在确定了自己的行为目标以后，爸爸有一点儿赌气的意思：你们两个人联合起来针对我，那我就要做出来给你们看看。爸爸认为，反正就一个月的时间，既然以前说了那么久都没起作用，现在就用一个月时间不说，看看许强能怎么样。

当爸爸把注意力从许强身上转移到自己身上的时候，他开始觉察自己行为的动因，关注自己的情绪：什么时候自己特别想说，什么时候忍不住说了，其实可以不说。作为许强的爸爸，他当然愿意让儿子赢。他同时也认识到，如果儿子赢了，自己其实也就赢了，因为儿子自主学习了，自己当然就没有必要再啰唆了。

许强：

许强正处在一个自尊心很强的年龄，他一开始就坚信自己能做到，而爸爸做不到。当爸爸做不到的时候，就不得不到外面“自由活动”几个小时，自己就清静了。但是随着爸爸一天、两天、三天……都没有违反谈判协议，他有点儿不敢相信这是爸爸。

当爸爸安静下来时，许强也不得不安静地关注自己的事情了，他慢慢地变得能够坐得住了。他开始把越来越多的时间花在自己的学习上。

在评估问题责任时，爸爸给许强打了9分。许强知道，这不能简单地看作是对自己的“报复”，因为自己的确就是爸爸唠叨的对象，他只要做好了自己的事情，那么爸爸就无话可说。

妈妈：

这个行动计划把妈妈和爸爸“强行”拉到了一起，让妈妈有更多的时间去关注爸爸。妈妈开始有机会觉察自己和儿子的关系以及自己跟丈夫的关系，觉察自己在儿子和丈夫之间的作用。

咨询师的观察：在制订的行动计划中，对爸爸的要求是比较苛刻的，这是因为妈妈和许强都认为爸爸的问题非常严重。对许强的要求是比较宽松的，没有做细节的限定，这更有利于许强执行自己的行动计划。其实许强的行动计划和爸爸的行动计划是互为条件的，任何一个人违反了自己的行动计划，另一个人的行动计划也难以实施。而妈妈的参与，对于调整父子之间的关系是非常重要的。

3. 拔头发的茵茵

胡女士发现自己10岁的女儿茵茵最近一直在掉头发，头皮上有一块掉得特别明显，房间里地板上头发很多。胡女士正打算带茵茵去看医生，这天她突然发现原来茵茵是自己在拔头发。妈妈很不解：一个10岁的漂漂亮亮的小女孩，为什么要拔头发呢？

茵茵说，她自己也控制不住，就是想拔头发。现在，女儿拔头发的行为有越来越严重的趋势，胡女士感到非常紧张，这是得了强迫症吗？

一般来说，重复无意义的行为都与焦虑情绪有关，人们倾向于用这种行为方式来释放内在的焦虑和压力。比如有的人在焦虑的时候就会抖腿、抖脚，有的人会习惯性地不停地搓手。小孩子咬手指通常也是由于内在的焦虑情绪的影响。发展得严重一些的强迫行为会变成自我伤害，比如强迫性暴食暴饮，比如拔头发。

茵茵正在读小学四年级，学习成绩还不错，在学校里和同学也相处得挺好的，那么她为什么焦虑呢？

我们认为需要对这个问题进行具体分析：茵茵每一次有拔头发的冲动之前发生过什么事？和谁在一起？看到了什么？经历了什么？

经过了解，原来胡女士最近因为工作调动问题非常烦躁，在家里她总是和丈夫发牢骚，有时候夫妻两人还会争执。茵茵说，每次看到爸爸和妈妈争执以后，回到自己的房间，就感觉头皮不舒服，就想拔头发。

原来茵茵焦虑的来源是妈妈。妈妈把自己的焦虑情绪传递给了女儿，因为小孩子还没有完成在心理和情感上和妈妈的分离，换句话说，她还依然和妈妈一起感同身受，分不清哪些情绪是妈妈的，哪些是自己的，所以，她被这种焦虑情绪困扰着，难以摆脱。

情绪又是如何转化成行为的呢？对于孩子来说，他们的一个重要的成长任务就是学会识别和接纳自己的情绪。但是有时候，他们不能很好地理解别人的情绪和意图，受环境和他人的影响，他们自己的情绪容易波动。由于不善于表达和处理情绪，他们容易把情绪外化，对于他们来说，行为就是他们的情绪。在爸爸妈妈吵架的时候，茵茵觉得头皮不舒服，她无意发现拔头发以后，头皮不舒服的情况会好很多，心里也好受一些。后来她就会重复这种行为，每次一感到焦虑，她就会拔头发。

那么对于茵茵的问题，怎样通过谈判的方法去解决呢？

因为这是行为问题，那么妈妈和女儿谈判的议题就是“拔头发”。行为的目标是“减少拔头发的次数”，而不是“控制情绪”。

妈妈先去买了一些小动物的贴纸和一块小白板放在茵茵的房间。

然后，妈妈和茵茵做了这样一个约定：每次当茵茵想拔头发的时候，先不要去拔头发，而是找一个动物贴纸贴在白板上。妈妈每天晚上都会来看看这个白板。如果茵茵同意这样持续一个月，就可以向妈妈提三个要求，妈妈会答应其中的一个。

茵茵答应了这个约定，妈妈接下来立即就给自己制订了一个行动计划：

只要茵茵在身边，就不去和爸爸讨论工作上的事情；

工作的事情在公司做，不带到家里；

每天陪茵茵一起进行一些轻松的娱乐活动；

鼓励茵茵跟自己谈一谈她的想法；

当自己实在感到很焦虑的时候，就让爸爸去陪茵茵。

三个星期以后，茵茵拔头发的症状有明显的改善。

这是一种比较特殊的谈判形式，妈妈要改变女儿的某种行为，就要改变自己的某些行为。这一类的案例在生活中并不少见，它最大的特点就是行为问题的背后有明显的关系问题。由于行为是受到关系影响的，我们在解决行为问题时，要首先解决关系问题，也就是要首先进行关系问题的谈判。孩子还小，不明白其中的道理，家长要帮助他去发现他的需求，要为他提供选择，为他做出妥协或者改变，并且制订一个和孩子一起成长的行动计划，这些都是谈判的方法。

有人会问，既然妈妈已经发现了茵茵的焦虑是被自己传染的，妈妈只要改变了自己的行为，那茵茵自然就好了，还有必要去谈判吗？

这是因为亲子谈判不仅是一个解决问题的方法，也是一个预防问题产生的方法。

妈妈知道，情绪问题是孩子成长过程中不可避免的问题，即使妈妈不再是茵茵情绪问题的影响来源，茵茵在家里、在学校里、在外面还可能遇到其他事情，还是有可能面对情绪问题。妈妈跟茵茵的谈判，不仅仅是为了帮助她克服最近的焦虑，还是为了让她学会识别和应对情绪。

妈妈用谈判的方式帮助茵茵形成了一个习惯，那就是用小动物贴纸把自己的情绪（尤其是难以控制的不良情绪）记录下来，同时用这种方式来跟妈妈交流。这样妈妈就有机会了解孩子的情绪状况，向孩子解释情绪，教会孩子用不同的动物代表不同的情绪，跟孩子讨论舒缓情绪的方法。

事实上，把情绪记录下来，跟家长谈一谈感受，这些本身都是舒缓情绪的方法。

情绪是一个很特别的东西，当你极力地想去压制它的时候，反而很难控制得住。“忍”是一种很难受的体验，忍的终极结果是破坏和攻击，或者攻击别人，或者攻击自己。

情绪的向外攻击会造成人际冲突，比如孩子和家长、老师、同学的冲突。情绪的向内攻击会造成自我冲突，比如自我否定、自我怀疑。自我伤害就是一种对自我存在感的怀疑。如果一个人情绪持续地低落，他就更倾向于把自己封闭起来，避免和别人交往。很多青少年在家里或者学校里这种并不孤单的地方却产生一种孤独感、隔离感，甚至是绝望感。青春期的孩子常常抱怨“没有人懂我”，其实比懂得他们的想法更重要的是懂得他们的情绪。

对于这一类的问题，家长在跟孩子谈判的时候，必须首先考虑情绪带来的影响。由于情绪不能刻意地去压制，所以在谈判中就不能用惩罚作筹码。

如果孩子的情绪问题已经很严重了，那么家长要去寻求专业人员的帮助（比如精神科医生），先处理好孩子的情绪问题，再来谈判。

4. 不同意爸爸妈妈生二胎的小斌

小斌今年 11 岁，上小学五年级。小斌最近从奶奶那里听到爸爸妈妈正在商量着准备生二胎，去找爸爸妈妈询问。爸爸妈妈确认了这件事以后，小斌生气地说了四个字：“我不同意！”

爸爸妈妈没料到小斌的反应这么强烈。他们本来是打算告诉小斌的，之所以还没告诉他，就是怕他不理解，会抗拒，但是没想到他这么抗拒。爸爸妈妈准备跟小斌好好谈谈，但是只要一提到这件事，小斌的情绪就变得很激动。他说：“我都这么大了，你们还要再生一个。你们有没有问过我，有没有经过我的同意？什么弟弟妹妹的，我根本就不想要！这是我的家，我不喜欢多一个人！”

爸爸妈妈很难过，该怎么办呢？

我们见到过不少准备要二胎的家庭里孩子以死来威胁父母不准再生的案例，通常这些孩子的年纪在6到18岁之间，他们已经适应了以自己为中心的家庭环境，因此对于家庭里即将产生一个竞争者这件事情极为排斥。

很多爸爸妈妈会有疑问，生二胎要不要和老大商量？我们认为，生二胎这件事情，本质上来说是父母的事情，而不是孩子的事情。因此，父母要不要生二胎，要由父母商量来决定，而不是父母和孩子商量来决定。但是父母生了二胎，一定会对第一个孩子（老大）的生活产生影响。因此，生不生的问题由父母商量决定，而父母和老大之间要解决的是有了二胎以后老大的生活受不受影响的问题。

有时候，父母要生二胎，老大在情感上可能会受到一定的影响。如果再有一些多事的人去和孩子说“爸爸妈妈再生一个孩子就不亲你了”之类的话，孩子就会更加恐慌，对自己的未来生活感到焦虑。这个时候，爸爸妈妈光靠解释、安慰孩子可能不起作用，像小斌的家庭就是这种情况。所以，小斌爸爸妈妈可以让小斌表达出他的担心、提出他的疑惑，进而提出他的要求，并尽量给予他承诺。此时，小斌爸爸妈妈和小斌之间可以谈条件，也就是进行谈判。需要特别说明的是：谈判目标不是爸爸妈妈生不生二胎，而是让小斌接受爸爸妈妈生二胎，进而去解决“爸爸妈妈有了二胎以后小斌的生活如何不受影响”这个问题，这个目标的实质是维护亲子关系。

第一步，讨论问题的性质。

爸爸妈妈跟小斌解释，有一个弟弟（妹妹）是很好的事情，有个人一起玩不会孤单，爸爸妈妈也不会偏心，仍然会像以前那样爱小斌。他们问小斌到底有什么想法。

小斌说："你们以后给我的零花钱要减少一半，以后给我买任何东西都要减少一半，你们要照顾婴儿，就不管我了！"

孩子关心的是现实的问题。如果爸爸妈妈只是承诺会继续爱孩子，而不去谈论现实的问题，有时候难以打消孩子的疑虑。

第二步，讨论问题的责任。

爸爸跟小斌说："你有了弟弟或者妹妹之后，我们保证你的生活不会受到影响。你还有什么疑虑，尽管跟我们说。"

小斌担心的还是那些现实的问题。他说："以前属于我的，都要给别人了！"

妈妈说："我们一定能做到，该给你的一点儿都不会少。"

小斌说："那他要是来跟我抢怎么办？"

爸爸说："我们一定会保护你，不让他跟你抢。"

在这里，爸爸妈妈非常肯定地强调了自己的责任。

第三步，讨论解决问题的能力和相关的需求。

爸爸妈妈向小斌说明，他们都有稳定的工作、稳定的收入。他们照顾两个孩子完全没有压力，小斌的生活一点儿都不会受到影响。他们会公平对待两个孩子，让两个孩子相亲相爱地一起成长。

爸爸妈妈也知道，如果他们不能帮助小斌消除疑虑，减轻内心的焦虑，小斌还是会极力反对他们生二胎。如果爸爸妈妈坚持生二胎，小斌有可能持续地情绪低落，或者做出一些反常的举动。等以后有了弟弟（妹妹），小斌也有可能跟弟弟（妹妹）关系不好。

第四步，谈条件。

经过前面的一番讨论，小斌认识到，他再去跟爸爸妈妈闹情绪是没有意义的，与其闹情绪，不如跟爸爸妈妈说清楚，让他们对自己做出一些保证，以后不准反悔。

小斌说："你们要答应我，以后弟弟（妹妹）不准抢我的玩具、我的衣服、我的书。不能把给我的钱分给弟弟（妹妹）。我还是要有自己的房间，弟弟（妹妹）不能抢我的房间。我不想带他玩的时候，你们也不能非要我去陪他玩。"

爸爸妈妈同意了这些要求。

第五步，达成协议（和解）。

爸爸妈妈和小斌一起把小斌提的那些条件写了下来，逐条讨论，经过确认后，大家都签上了名字。小斌的情绪好多了，他不再反对爸爸妈妈要二胎，而是专心地去做自己的事情了。

分析：

父母在决定生二胎的时候，一定要为第一个孩子做好充分的考虑。在第四个步骤里，小斌提出的要求都是合理的，它其实反映了父母在处理老大和老二两个孩子相处的问题上应遵循的一些原则：

父母要一碗水端平；

属于一个孩子的东西，不要不经他同意就拿走，或者强迫他交给弟弟妹妹用；

照顾孩子是父母的责任，不能强加给孩子照顾弟弟妹妹的责任。

在这个环节，如果孩子提出了不合理的要求，父母要拒绝并让孩子重新提要求，千万不能为了让孩子同意父母生二胎就无论什么要求都一概答应。如果父母兑现不了自己的承诺，孩子就会感觉被欺骗了，他的反应会更加激烈。

父母要考虑怎样避免给孩子带来伤害，这个伤害的意思不仅是指现在的感情方面的伤害，也是指以后的生活中和感情上的伤害。因此父母要做一个完善的计划，不能损害了老大的利益。在现实生活中，年龄较大的孩子会向父母提出特别现实的要求，比如讨论以后分割家庭财产的问题，这些都是合情合理的，父母不要因为不好意思或者不高兴而不去讨论这些问题，因为即使现在回避了，以后依然要面对这些问题。因此，对于各种现实的问题，即使父母现在难以做决定，也要去跟孩子讨论。哪件事现在可以定下来，哪件事需要在以后才来做决定，先定下一个大致的原则，以后再来做更详细、具体的决定。在谈判过程中，父母一定要理性地决策，特别是在一些重大事项上更要谨慎，避免误导孩子或者做出无法兑现的承诺，为以后的生活埋下隐患。比如，父母答应把房产留给老大，可是以后又后悔了，这会给亲子关系带来极大的损害。我们之所以建议父母和孩子把达成的协议写下来，就是为了避免出现这样的问题。

5. 为姥姥姥爷练琴的文文

冯女士是一个再婚妈妈，家里有一个 12 岁的女孩文文（她和前夫生的），一个 6 岁的男孩科科（她现在的丈夫和前妻生的）。冯女士目前在一家医院做财务工作，现任丈夫李先生是一名律师。冯女士的父亲曾经是一家上市公司的管理人员，母亲是一所私立学校的校长。冯女士在离婚之后曾经有一段时间把文文送到了姥姥和姥爷家，直到一年前和现在的丈夫结婚以后孩子才搬了回来。由于挂念外孙女，姥姥和姥爷时常来家里看文文。

李先生很少和现在的岳父岳母说话，文文的事情他也总是交给冯女士，由她一个人来做决定。两年前，姥爷给文文买了一架钢琴，在姥爷家里的时候文文一直练琴。在搬回妈妈的新家的时候，钢琴也搬了进来。6 岁的科科对钢琴很感兴趣，总是自己去弹着玩儿。冯女士很支持科科学习弹钢琴，想让科科和文文一起学习、一起练。但是最近，文文越来越不愿意练琴了。冯女士不断地对女儿施加压力，逼女儿练琴，但是女儿的反弹越来越厉害。文文开始发脾气，和冯女士顶嘴。有时候冯女士一说练琴的事，文文就跑开了。

冯女士想让丈夫帮帮自己，劝劝女儿继续学钢琴，但是丈夫总是含糊其词，也不表态是否支持文文练琴。冯女士跟自己的父亲讲了这件事，父亲说："以前在家（姥姥姥爷家）学得好好的，为什么现在不学了？"冯女士觉得很委屈，赌气说："你要是不买这钢琴，也不会有这些麻烦事。"

冯女士小的时候，父母对她要求特别严格。每次做错事情，免不了一顿训斥和惩罚。她总觉得自己就算是委屈也无处辩解。由于父母的严格，冯女士的学习成绩特别好，考大学、毕业找工作都特别顺利。她与第一任丈夫结婚时，父母并不是很满意，但是当时她执意要嫁给他，结果却以离婚收场，她能够明显地感觉到父母那种"叫你当初不听老人言"的态度。对于现在的丈夫，她也不强求父母能够很欣赏，只是希望他们不去挑剔就好了。一直以来，冯女士总是小心翼翼地避免在自己父母面前像一个失败者。这种压抑感她已经忍受很多年了。

对于文文不练琴这件事，冯女士确实有一种挫败感。文文在姥姥姥爷家本来练得好好的，现在回来了就不练了，这让自己有一种作为母亲不胜任的感觉。再说打心眼儿里她也希望文文学好钢琴，希望文文成为一个很有气质的女孩。冯女士还有一个疑问：这件事是不是和科科有关，是不是因为科科也要学琴，文文就不练了？对于现任丈夫与前妻生的孩子，冯女士从来都是一视同仁，当成自己亲生的。科科想学钢琴，她是很支持的。但是如果是自己买的钢琴还好说，现在这架钢琴是姥姥姥爷买的，文文不学，只有科科在学，姥姥姥爷会不会介意？

冯女士和文文谈过几次，问她不愿意练琴的原因。文文说就是不想练了，上了初中，功课多了。但奇怪的是，只要姥姥姥爷来家里，文文就会弹上一会儿。这让冯女士感到更加生气，她觉得，“上初中功课多”根本就不是理由，文文根本就是故意在和自己对抗。最让她感到不安的是，她很担心文文是因为自己再婚而对自己产生抵触情绪。

冯女士决定，她还是要好好地再和文文谈一谈，问一问她为什么不愿意练琴。冯女士觉得自己挺委屈的，毕竟为两个孩子付出了那么多，却没有得到丈夫的理解和支持。冯女士觉得她在这件事情上一定不能孤军奋战，自己需要一些支持，因此首先要和丈夫谈一谈。

原来，李先生也有很多的想法。他发现科科喜欢弹琴之后，已经要求科科不要去干扰姐姐，只能在姐姐不用钢琴的时候去弹。对于文文不愿意练琴，他的想法是孩子上了初中，可能兴趣会有一些变化，如果她不愿意再学了，就不要再勉强她。但是这个想法实在是说不出口，因为钢琴是文文的姥姥姥爷买的，可是现在由于科科喜欢弹琴，又不能把钢琴退给姥姥姥爷，自己再去买一架。因此李先生也觉得很为难。他对冯女士说，等到合适的时机，他愿意和她一起同孩子谈一谈。

咨询师的观察：冯女士在跟女儿谈判之前做了一件非常重要的事情，那就是争取丈夫的支持。家长要理解的是，支持不等于一定要对方同意自己的观点和做法，而是能理解自己的观点和做法，并且愿意和自己一起来承担责任。

冯女士认为，既然一开始是文文的姥姥姥爷买的钢琴，是他们让文文学琴的，那么自己还是要跟他们把事情说明白。她来到孩子的姥姥姥爷家，向他们说明现在她和文文的关系已经因为练琴的事情弄得很紧张了。冯女士问他们如果文文真的不再学琴了，他们会怎么想。姥姥姥爷都说："小孩子嘛，别逼她那么紧了，让她快快乐乐的不就行了。"冯女士突然就觉得很委屈："现在你们说快快乐乐就行了，我小的时候你们为什么就不能让我快快乐乐的？"姥姥姥爷对这句话很吃惊，他们感觉到了冯女士的不满。

咨询师的观察：有的时候，一些家长因为自身成长的经历而对自己以及他人都过于严格，这是因为他们在成长过程中常常面对自己父母提出的过高的要求，从而认为自己身上背负主要的（或者是完全的）责任。对于那些自己心里存在着某些"情结"的家长，也要首先去处理好自己的关系问题，比如和自己原生家庭的关系。

最终，一家人决定一起坐下来，进行一次关于练琴的亲子谈判。姥爷、姥姥、冯女士、李先生和两个孩子都参加。

在提出问题的时候，冯女士认为，谈判的议题应该是"文文不想继续练钢琴”，而文文不同意，她认为这根本就不是个问题。但是由于大家都是为了讨论这个问题而来，文文也同意了就这个问题进行谈判。

第一步，讨论问题的性质。

大家首先针对问题进行讨论：文文学习弹钢琴的好处，以及半途而废的影响。

全家人都同意学习弹钢琴是有很多好处的：增加才艺、提高艺术修养、练习手眼协调度、舒缓情绪、调节大脑，还能提高记忆力。如果现在不练琴了，技艺可能会生疏，之前的时间都浪费了。

姥姥姥爷和李先生都表示，如果是暂时不练了，休息一阵子，影响不大。如果文文以后都不练了，就浪费了很好的提升机会。

冯女士认为，文文如果不练琴了，既辜负了姥姥姥爷的好意，也辜负了她的好意，对文文自己而言则是放弃了一次成长机会。

咨询师的点评：全家人采取了理性的谈判方式。文文的理性表现在虽然她不愿意练琴，但她也没有否定练琴的好处。生活中很多家长和孩子为了说服对方，都会故意地夸大一件事情的好处或者坏处。

第二步，讨论各自的责任。

姥爷说，当初给文文买钢琴，是因为看到文文比较内向，整天待在家里心情很沉闷，他希望文文能快乐一些。作为姥爷，他当然希望文文继续练琴，他希望文文变得多才多艺，但是如果文文因为练琴而不开心，那他也不会强迫文文去练琴。（姥姥跟姥爷的意见一致。）

冯女士说，她要为孩子的未来和前途负责。练钢琴本就是一件锻炼毅力的事情，练得越久就会越自信，如果文文做事情总是半途而废，那怎么行？

文文说，练不练琴是她自己的事情，妈妈管得太多了。之前妈妈和爸爸（冯女士前夫）刚刚分开，自己就被送到姥爷家，她真的很难过，有点儿怨恨妈妈。文文觉得只有姥姥姥爷疼自己，所以她学琴也是为了让他们开心。上了初中之后，她真的不想再学琴了，但是又觉得辜负了姥姥姥爷，有时候挺难过的，就和妈妈闹。她其实挺想让弟弟来学琴的，这样买的钢琴就不会被浪费了。

李先生说，他也非常关心文文的学习和生活，想督促文文做好每件事情。但是在文文练琴这件事情上，他也很关心文文的情绪。如果因为练琴的事情弄得整天情绪不好，那也是得不偿失。他认为，文文应该好好地和妈妈沟通。

咨询师的点评：对责任的表述应该是当一个不好的后果发生时，每个人应该为此做什么。冯女士对自己的责任的表述是不完整的，因为她只看到了文文“做事情总是半途而废”这个后果（这还是一种以偏概全的说法），而没有去关注文文的情绪，以及她和文文的关系。文文说自己不练琴，可以把钢琴给弟弟用，这其实是把家人给自己的责任转嫁到了弟弟头上。也许正是因为弟弟愿意练琴，所以文文想趁这个机会转移责任。这个步骤的作用在于让家庭成员把各种责任都“摆上台面”，促进每一个人的思考。当姥爷和李先生都在强调文文的情绪的时候，冯女士也会在这方面有更多的考虑。

第三步，讨论解决问题的能力和需求。

在这个环节，一家人讨论的是：他们分别能为这个问题做些什么，他们又有哪些需求。

冯女士说，她之所以把一家人聚在一起讨论这件事情，就是因为她自己感到压力特别大。她怕自己做得不好，姥姥姥爷埋怨她。她还说，之前的一段时间，她没能好好地照顾文文，所以她现在有点儿不了解文文的想法了。

姥爷说，他愿意支持女儿的决定，但是他也很关心文文，他也很关心女儿和文文之间的关系。姥爷相信，女儿最终能够很好地解决这个问题。（姥姥跟姥爷的意见一致。）

文文说，她有自己的计划、自己的想法。除了练琴，她还一直在坚持做很多别的事情，比如锻炼身体、写日记，从不间断。文文表示，自己把自己的生活安排得挺好的，她已经长大了。

李先生说，如果文文有什么不开心的事，可以去找他谈一谈。不管练不练琴，情绪都是最重要的，文文有什么事情可以尽管跟大人说。

咨询师的点评：姥爷表达了对女儿的信任，这给女儿减轻了压力。而文文说自己一直在坚持做很多事情，其实是向妈妈证明了她做事情并不总是半途而废。文文说自己能够管理好自己的事情，这是一个建设性的筹码。

第四步，谈条件。

姥爷说，女儿是一个非常负责任的妈妈，是文文和科科的好妈妈。因此不管女儿做出什么决定，只要能让家庭关系和和睦睦的，他都支持。（姥姥跟姥爷的意见一致。）

冯女士还是想让文文练琴，她说，如果文文肯继续练琴的话，她就会在假期带文文去圣彼得堡听音乐会。

文文说，她对音乐会并不感兴趣，但是如果妈妈同意她不再继续练琴的话，她可以每周帮妈妈做半个小时的家务活，由妈妈来布置任务。

李先生说，希望文文继续练琴，但是每次练的时间不用那么长，练琴的频率也可由文文自己来决定。

咨询师的点评：冯女士发现，连去国外听音乐会的条件都诱惑不了文文，看来文文是真的对弹钢琴不感兴趣。反而是文文提的条件让冯女士有点儿心动，如果文文每周来帮自己做家务，那就有更多时间来和文文沟通了。姥爷提出的“只要能让家庭关系和和睦睦的”条件，对冯女士有很大的影响。

第五步，达成协议（和解）。

经过一家人的一番讨论，冯女士决定，接下来的一段时间（文文这个学期剩下的时间里），练不练琴由文文自己来安排，她不再催促文文练琴。至于以后文文还要不要练琴，等到过了这段时间之后，她再和文文商量。

冯女士的条件是：文文要每周抽出半个小时和她一起做饭。

对于这个决定，全家人都表示同意。文文也表示，等过一段时间，她会再考虑要不要继续学钢琴。

最后冯女士给了文文一个拥抱。

冯女士对文文的姥姥姥爷说："不管文文以后怎么样，只要你们以后别埋怨我没把她教育好，那就由着她来吧。"

咨询师的点评：冯女士最后的决定跟她最初的要求相比有了很大的变化。这种变化是谈条件的结果。我们之所以强调和解，是出于对亲子关系的考虑。谈判中所有的步骤都要把维护亲子关系作为一个重要的考虑因素。

在这个案例中，冯女士的转变主要是因为心理压力和焦虑情绪的减轻，而这主要得益于她和自己父母关系的缓和以及丈夫对她的支持。冯女士认识到，家庭里所有的责任不应只由她一个人来承担。很多爸爸或者妈妈对孩子管教得过于严格或者干涉得过多，是因为他们相信这是他们的责任，如果没做到就代表他们失职，其他人就会怪罪他们，或者说他们在家庭里就没有了担当。这个时候，他们最需要的首先是家人的理解、支持和协助。

孩子（尤其是即将进入青春期的孩子）的一个重要的成长任务是获得自我的身份认同，也就是去探索和决定“我要做一个什么样的人”。家长在表达自己期待的同时，也要鼓励他们去探索和发现自我。如果家长非要孩子按照自己的想法来，就很容易引起孩子的抵触情绪。很多时候孩子和家长的对抗，并不是在某件具体事情上的对抗，而是一种情绪的对抗。经过谈判，文文跟冯女士的关系更紧密了。有趣的是，一个学期过后，文文又开始练琴了。

参考文献

[1] 李维榕 . 家的万花筒 [M]. 上海：华东师范大学出版社，2018 .

[2]Jerry J. Bigner. Parent-Child Relations：An Introduction to Parenting [M].7th Ed. Upper Saddle River: Pearson Education, Inc., 2006 .

[3] 琼 · 埃克森 . 智慧与感觉：通往创造之路 [M]. 高天珍 , 译 . 北京：世界图书出版公司，2017 .

[4]Marsha M. Linehan. DBT Skills Training Manual [M]. 2nd Ed. New York：The Guilford Press，2014 .

[5]Salvador Minuchin. Family Therapy Techniques [M]. Cambridge：Harvard University Press，1981 .

[6] 萨尔瓦多 · 米纽琴，麦迈克尔 · 尼科尔斯，李维榕 . 家庭与夫妻治疗：案例与分析 [M]. 胡赤怡 , 卢建平 , 陈钰，译 . 上海：华东理工大学出版社，2007 .

[7] 尼科尔斯，施瓦茨 . 家庭治疗——理论与方法 [M]. 王曦影，胡

赤怡，译 . 上海：华东理工大学出版社，2005 .

[8] 让 · 皮亚杰 . 教育科学与儿童心理学 [M]. 杜一雄，钱心婷，译 . 北京：教育科学出版社，2018 .

[9]William Stixrud, Ned Johnson. The Self-Driven Child: The Science and Sense of Giving Your Kids More Control over Their Lives [M]. New York: Penguin Books, 2018 .

[10]D.W. Winnincott. The Family and Individual Development [M]. London and New York：Tavistock Publications, 1981 .

后记

我和朱小超是心理咨询师，工作内容大都是与青少年及其家庭一起进行家庭评估和咨询。看到家庭中出现各种各样的问题与无效的沟通有很大关系，我们尝试建议父母从改变沟通方法开始改变家庭氛围。然而我们发现，在气氛良好的家庭中，这些建议和改变有一些效果，但在彼此“冷若冰霜”、无法沟通的家庭或者说不了几句话就开始战争的家庭，这些建议没有任何作用。“和孩子已经没有办法沟通”导致父母感到挫败，感到愤怒，这些情绪会让家长针对孩子产生一系列情绪和行为反应，而这些反应又会让孩子感觉“和父母简直没办法说话”，与家长的关系更紧张、更对抗。这时候，家长迫切需要一个方法，既能使当下的家庭关系不再继续恶化，可以让家长和孩子能就某一个问题继续交流下去，又可以兼顾到各方的需求形成一个共识，把一个具体问题解决掉，这个方法就是“亲子谈判”。

“亲子谈判”概念是我的督导老师胡赤怡博士三年多前和我们分享

的。其实，在十年的督导过程中，我遇到许多艰难的个案都是在谈判中寻找到了突破口。当时，我们还没有用到“谈判”这个词，只是把它叫作“有条件的沟通或者协调”。它确实很神奇，眼看着家长和孩子的战争又要打响，眼看着谈话没办法进行下去，一旦应用谈判的方法，不仅双方能够很快偃旗息鼓，甚至进入死胡同的话题也会“柳暗花明”。这些“柳暗花明”给了家庭希望，在这些希望的背后我们看到了家长对孩子的爱，让孩子感受到这种爱会令亲子关系有所改善，家长和孩子都会愿意换一种思维来重新考虑事情、重新制订家庭计划、商议规则。看问题的视角广阔了，办法就会多了，僵化的家庭关系就会慢慢松动，逐渐灵活。

胡老师的老师李维榕博士曾这样描述过谈判，“有多过一个人的地方，就有需要谈判如何共处、如何处理彼此分歧的问题”“谈判不是沟通，虽然在某种程度上两者会重叠”“沟通是一种理想，希望在较理智的情况下交谈；谈判却是真枪实弹，有时候甚至会‘血肉横飞’”。在这些“真枪实弹”的谈判过程中，我们会想办法根据每一个家庭的实际情况来设定不同的谈判方法和流程，尽量减少或避免“血肉横飞”的场面，不断总结经验，不断修整内容，不断进行督导，然后再不断地完善。多年积累下来，终于在一次督导结束后的闲聊中，胡老师和我们详细地分享了“亲子谈判”的概念以及一起把它写成书的想法，我们很受启发。结合这么多年的实践经验，我们觉得亲子谈判有很强的实用性和可操作性，值得和更多的人分享，让更多的家庭获益。我们三人决定把这些年总结的经验、方法和流程汇集成册，基于“亲子谈判”的概念创作出一套相对来说操作便捷的实用手册。我们想给家长们提供一些方法和技巧，帮助当下陷入困境的家庭先找到一个出口，比如，不上学的孩子能够先去上学，手机放不下的孩子怎样放下手机，等等，然后根据这些改变再逐渐调整谈判目标，从而使其他的困难也能用谈判的策略和方法逐一解决，实现正常沟通的理想生活。

这本书从大纲、内容到章节顺序，数易其稿。我们付出了大量的时间和精力，在撰写过程中也产生过不少争论，我有时甚至感觉筋疲力尽。经过三年多反复琢磨和修改，终于把这本书按照心中所设计的模样呈现了出来。我要感谢李维榕博士，她书中对家庭故事的分析，使我受益匪浅。感谢我的老师胡赤怡博士，感谢他多年悉心教导及引领。在本书作者的排序中，他建议把我排在第一位，我内心惶恐。感谢我的同学、拍档和好朋友朱小超老师，在本书的创作过程中我们一直互相支持，克服了很多困难，非常感谢他在整个创作过程中勤奋不辍的热忱。也很感谢我的家人，尤其是我的女儿，她的成长过程也给了我很多写作的灵感。感谢提出了宝贵修改意见的赵媛媛女士！感谢广西师范大学出版社！

我把完整的书稿发给编辑时，禁不住一再强调“这像亲生的娃，请珍惜”。如果家长能够在这本书中找到一些行为改变的方法，或在这本书中得到一些关系方面的领悟，能在这些方法和领悟中重新找到支撑和希望，能够真正帮助到自己和孩子，那对我们来说就是最大的欣喜。为了帮助家长更好地应用亲子谈判的方法，我们还专门在网站上开设专栏，解答家长的疑问和困惑。欢迎到我们的网站上留言：www.yannongxinli.cn/qztp。

最后，我想再次用胡赤怡博士的话来表达本书的使用方法：使用本书的前提是父母对子女的“爱”！本书提供的路径和方法产生效果的前提是父母对子女的“爱”！！维持本书提供的路径和方法所产生的效果的前提是父母对子女的“爱”！！！

为了这份“爱”，我们一起努力吧！

李颜浓